LA INTELIGENCIA DE SU CUERPO MENTE Y ESPÍRITU

Natalia Alexandria

Traducido por
Silvia Garretson

Publicado por

www.NataliaAlexandria.com

© COPYRIGHT 2015. Todos los derechos reservados. Este libro, y/o ninguna de sus partes, puede ser reproducidos o utilizados de ninguna forma, o por ningún medio, electrónico o mecánico, fotocopiado, grabado o ahorrado, en ningún tipo de archivo electrónico sin el permiso, por escrito, del autor.

ISBN: 978-0692343678

DEDICACIÓN

Para todos aquellos que escogen el vivir una vida realizada.

RECONOCIMIENTOS

Estoy agradecida a los muchos que inspiraron y apoyaron mi visón del futuro. Gracias en especial a Victoria Pearson, Mari Tankenoff y Silvia Garretson, todas las cuales contribuyeron a la producción de este libro.

TABLA DE CONTENIDOS

PREFACIO..1

I. LA FILOSOFÍA...7

II. CREENCIAS Y ACONDICIONAMIENTO....................16
    El Proceso de Romper el Acondicionamiento.........35
    Encontrando su Esencia...44

III. EL CUERPO..47
    Los Niveles de Energía..57
    La Digestión..70
    Los Suplementos..80
    El Agua, Las Toxinas y El Sueño..........................87
    El Ejercicio...92
    Encontrando su Balance Corporal........................99

IV. LA MENTE...103
    El Crecimiento Personal.....................................115
    El Arte de la Negación.......................................135
    ¿Qué es lo que Debo de Preguntar? 137
    Manejando el Estrés..144
    El Mantenimiento de la Mente............................149

V. EL ESPÍRITU..162
    El Poder del Acondicionamiento vs. El Poder del
    Espíritu..171
        Limitación vs. Expansión..............................172
        La Factibilidad del Desarrollo Espiritual...........174
        La Composición del Espíritu.........................186
        Maneras Prácticas de Alimentar el Espíritu......189
        Pidiendo por lo que Quiere...........................208

VI. VIVIENDO LO EXTRAORDINARIO.......................211
    La Sabiduría del Balance..............................214
    ¿Cómo se Honrará a sí Mismo?.....................216

PREFACIO

LA INTELIGENCIA DE SU CUERPO MENTE Y ESPÍRITU está basada en una vida de experiencia personal, investigación y estudio en los sujetos de las ciencias del comportamiento, la medicina cuerpo-mente, la medicina vibracional, la filosofía y las tradiciones espirituales. Este libro se apoya, no sólo en el conocimiento de expertos, científicos y otros grandes pensadores, sino también evolucionó de un grupo de circunstancias y experiencias específicas relacionadas nada más conmigo. Estas circunstancias y eventos crearon una mentalidad única que impone actitudes y filosofías específicas, las cuales pueden ser aplicadas a todos. Esta mentalidad es una puerta hacia una vida poderosa.

Nací en la primavera de 1958, y crecí en la Ciudad de Nueva York en una familia de padres Europeos del Este quienes sobrevivieron la Segunda Guerra Mundial. De tres hermanos, yo fuí la de en medio-generalmente ignorada-excepto por mi apariencia física atractiva. Yo no fuí el hijo primogénito preciado o el bebe barón. En vez, fuí abandonada emocionalmente y declarada la fuerte – un papel con expectativas de perseverar y sobrevivir. Enfrentando el reto directamente me transformé en una criatura resuelta, fuerte y tenaz. Mis padres merecen el crédito por insistir en que participara en muchas actividades extraescolares, incluyendo el estudio de la música y el arte. Estudié en escuelas privadas, disfruté de la riqueza de dos culturas, y me centré en un camino fundado en tradición.

Profesionalmente, empecé mi carrera en "Wall Street" en el mercado de acciones y valores. Nada fué realmente planeado; primero trabajé como una vendedora de acciones y valores, y más adelante como una vendedora sirviendo a instituciones. Wall Street era un lugar forrado de dinero y poder, y esos privilegios llenaron mi vida de experiencias emocionantes y divertidas. Las puertas del mundo se habían abierto, y las posibilidades parecían ilimitadas. Florecí en este medio y tome ávidamente todas las oportunidades. Mi lado artístico floreció y fundé una empresa de artes operando en New York, París y Budapest-y tuve la oportunidad de vivir en Europa. Más adelante, me convertí en una consultora especializada en la mercadotecnia y el desarrollo de nuevos negocios. Durante este tiempo, me mudé a Miami y me dediqué a aplicar mis experiencias y pasión a la escritura de libros de ficción y no ficción. Me certifiqué como consultora de desarrollo personal. Aunque nunca me casé y no tuve hijos propios, no carecí de experiencias expansivas de índole romántica y con niños.

Lo anterior ¿me entrenó como experta en la vida? No precisamente. Hubo otro aspecto menos agradable que contribuyó a mi preparación. Mi vida también estuvo llena de adversidad antes de cumplir treinta años. Una semana después de cumplir quince años, mi padre cometió suicidio. A los diez y nueve, me llevaron al hospital urgentemente con una enfermedad potencialmente fatal. A los veinte y tres, fuí asaltada sexualmente. Cerca de la mitad de mis veintes, una enfermedad congénita visual empezaba a emerger. A los veinte y nueve mi problema visual era irreversible, sufría del mal de Stargardt's, y me convertí en ciega legalmente.

La desilusión y el dolor me forzaron hacia un proceso de introspección profundo donde me encontraba frecuentemente, mientras continuaba buscando soluciones. La tenacidad empezó a penetrar la fábrica frágil de mí ser. Mientras continuaba con mi búsqueda, reté a ese lugar profundo y obscuro a destruirme, y desaté mi obstinación. Entre todos estos retos, todavía poseía un deseo impenetrable de sobrevivir, la creencia que todo era posible, y una voluntad de hierro. La Natalia fuerte cuidaba de la Natalia frágil, y me convertí en protectora feroz de lo que yo era y de lo que era positivo acerca de mí. Eso tendría que ser más fuerte. De la mejor manera posible integré una variedad de disciplinas para mi cuerpo, mente y espíritu.

Para cuando estaba en mis treintas, probablemente ya había absorbido varias librerías de libros, revistas y periódicos. Empecé a darme cuenta de la superposición frecuente de la información acerca del cuerpo, mente y espíritu. Había algunos mensajes en común pero, específicamente a través de mis experiencias, se me hizo claro que el acondicionamiento-en particular las perspectivas impuestas por aquellos quienes nos influencian-padres, maestros, amistades y la sociedad-pueden sofocar todos los aspectos que rigen nuestra vida y éxito. Estuve decidida a buscar el significado de todo. A pesar de mis migrañas ópticas, aún leía (mayormente audio, u hojeando material didáctico con ayuda de un instrumento visual) y exploraba todo-y mientras más difícil mejor. Estaba determinada a absorberlo todo, aunque me matara-ya que nada ya lo había hecho. A través de mi estudio constante aprendí unas cuantas disciplinas más, y a través del tiempo empecé a notar mejoras marcadas en todos los aspectos de mi ser.

Para entonces, empecé a descifrar el porqué estaba sobreviviendo una limitación visual sin limitaciones perceptibles. En una ironía extraordinaria, mi falta de visión se volvió mi salvación. Extrañamente, este problema visual era uno que restaba mi habilidad de enfocarme. Eso significaba que no veía los detalles, estaba constantemente desorientada y, por lo consiguiente, tenía que figurar como maniobrar las energías de otras áreas de mi ser para parecer normal. Felizmente para mí, al principio mi reacción fué la del rechazo- me reusé a creer que estaba limitada de alguna forma e ignoré la opción de esconderme en un agujero y podrirme. En vez, me empecé a apoyar en mi visión periférica, lo cual era siempre estresante, pero me reusaba a darme por vencida. Peculiarmente, estaba siendo obligada a ver las cosas desde un punto de vista panorámico a distancia. Fué entonces que las energías de mi cuerpo, mente y espíritu empezaron a tomar control. Descubrí el vivir milagrosamente.

Esta vez, empecé a conectar los puntos de forma meticulosa; un patrón holístico empezó a emerger. El aumentar, quitar, adaptar y cambiar fueron mis herramientas, y éstas tenían la llave del porqué estas disciplinas eran eficaces. Lo bueno es que yo ya había empezado a anotarlo todo. El resultado de más de cuarenta años de pruebas, experimentación y eliminación, a través de información con sentido común-lo que trabaja y lo que no trabaja. Aunque múltiples crisis habían amenazado de sacarme fuera de mi curso, yo sabía que no tenía el lujo de posponer el aplicar soluciones reales. Es posible que esto siempre haya sido la razón del porqué tuve que recibir tantos golpes duros. Sin embargo, mi deseo de hacer una diferencia en todo lo que posiblemente pudiera, y siempre una visión al par del tamaño del universo, habían invitado la maravilla que yo llamo la vida.

Aquí les presento, *La Inteligencia De Su Cuerpo Mente Y Espíritu*. Espero que le brinde perspectivas, entendimiento e inspiración a lo que usted está viviendo. Que todos aportemos lo mejor de lo que somos, día tras día, a la experiencia extraordinaria que llamamos vida.

La Inteligencia De Su Cuerpo Mente y Espíritu

I.

LA FILOSOFÍA

Al fin, una guía para cambiar su vida que trabaja. *La Inteligencia De Su Cuerpo Mente Y Espíritu* considera todo lo que somos: cuerpo, mente y espíritu. La táctica es holística, no fragmentada o a medias. No es una solución temporal, sino un cambio de energía, al nivel más profundo de su ser, que le producirá una vida llena y con significado. Esta metodología utiliza un enfoque general dedicado a equilibrar su sistema energético único para que funcione óptimamente. El centro de esta filosofía poderosa está basado en la inteligencia innata que existe en cada uno de nosotros, una inteligencia que nos permite navegar con éxito nuestras vidas. Cualesquiera que sean sus sueños y metas, *La Inteligencia De Su Cuerpo Mente Y Espíritu* estimulará su vida y producirá cambios milagrosos, a través de principios sencillos y con sentido común.

Este libro representa un *nuevo* enfoque a la superación personal en el siglo veinte y uno. Los tiempos han cambiado y consigo la forma en que vivimos. El mundo de hoy está repleto de invenciones tecnológicas e información complicada. Es un mundo con entorno de ritmo rápido de multitareas-estresante y competitivo. Hay demasiado que hacer, y más que saber. ¿Quién puede hacerlo todo? ¿Cómo manejamos nuestras vidas complejas mientras estamos siendo jalados en todas las direcciones? ¿Cómo acomodamos todo lo que se requiere de nosotros y aun así encontrar balance y equilibrio? **La metodología de utilizar su inteligencia innata le permite manejar estos retos despertando las fuerzas más positivas dentro de usted. Una vez que estas fuerzas energéticas son despertadas, usted está listo para alinear su cuerpo, mente y espíritu.** Se trata de descubrir sus recursos escondidos de energía, los cuales le proveen el poder necesario para lograr la vida que usted desea. Finalmente, es acerca del cultivar lo mejor de usted, día tras día, para producir la más alta calidad de experiencia de vida.

Todos la tenemos-una inteligencia innata que actúa como una fuente de energía la cual nos proyecta hacia la dirección correcta. **Y así como nuestro cociente intelectual o emocional, nuestra inteligencia innata también puede ser mejorada.** Ya sea intelectual o emocional, la inteligencia puede ser medida de varias formas, y puede ser aplicada para evaluar la manera en que usted toma decisiones en su vida. Sin embargo, dado el hecho de que su inteligencia innata es natural y se origina dentro de usted mismo, lo indicado es aprender como accesar este recurso valioso rompiendo a través de los muchos filtros de acondicionamiento que nos rigen. El romper los filtros de acondicionamiento requiere el preguntar y evaluar si lo que creemos en la vida debe ser reconsiderado. O simplemente estamos cambiando y/o madurando y necesitamos aprender algo más. Una vez que ésta inteligencia es destapada, este recurso especial le permitirá descubrir esas cualidades únicas a usted- aquellas cualidades que lo hacen diferente de todos los demás. Ésta es una fuente excepcional de energía que nos inspira a tomar acción, y cuando es descubierta y utilizada, sus metas podrán ser realizadas exitosamente.

Hay muchas maneras de medir la inteligencia. Por ejemplo, se puede medir el proceso, la racionalización, y la comunicación de información. Las decisiones y las elecciones que hacemos en nuestra vida deben ser evaluadas de manera similar. Por ejemplo, si nuestras decisiones se toman y navegan eficientemente, nos movemos a través de nuestras vidas con gran facilidad, lo que nos permite florecer y prosperar, especialmente durante momentos difíciles. ¿Alguna vez ha notado que tanto duda cuando se le presenta un problema? Hay un elemento de rapidez y eficiencia asociado con nuestra habilidad de resolver problemas. Mientras más difícil el problema, y menos familiar, mucho más necesitamos apoyarnos en nuestra inteligencia innata. Esta fuente nos provee conocimiento cuando estamos enfrentando un reto diferente. Al igual, ésta nos guía, a través de lo desconocido, al imponer instintos naturales que insisten en mostrarnos cómo resolver nuestras crisis. Nuestra inteligencia innata inspira nuevas ideas y planes, lo que resulta en opciones entre las cuales podemos elegir la correcta, aunque no entendamos el porqué. Imagine lo que es accesar este conocimiento veinte y cuatro horas al día.

A lo largo de nuestras vidas contribuimos una esencia especial a todo lo que hacemos, pero ¿está usted consiente de su magnitud e impacto en su éxito? Esta guía de cambio personal define un marco de satisfacción que comienza con usted como individuo, enfocándose en su persona completa. Ya no podemos ignorar el cuidar de todo lo que somos como seres humanos. El desarrollo de su inteligencia innata desata su centro interno, el lugar donde el equilibrio lo espera. Todos hemos sido equipados con un compás interno que dirige cada aspecto de nuestras vidas. Su compás interno, tan individual como sus huellas digitales, está organizado como un sistema único de habilidades, talentos, metas y sueños. Su esencia no es como ninguna otra. Una vez que este centro interno se descubre, una conciencia mágica desata el poder de crear, conscientemente, la vida que usted desea. A la vez, todos los aspectos de su vida destilarán confianza y energía, para mejorar y expandir su existencia.

Cualquiera que sea su procedencia, el mundo exterior ofrece condiciones iguales. Ya sea que usted sea el Director de Operaciones de una corporación multinacional, o esté luchando para poner comida en la mesa, ya sea que usted sea famoso, o desconocido-todos tenemos cuerpos, mentes, y espíritus que cuidar. Tenemos experiencias buenas y malas, tenemos amor, aprendemos y crecemos. A pesar de las circunstancias ¿cuál será su huella perdurable?

¿Será feliz? ¿Cree usted que no hay diferencia? Si la hay, y su presencia en la tierra valida su importancia como participante. ¿Tomará usted un papel activo?, o ¿dejará que otros manejen sus experiencias?

Este libro también explorará el papel que el acondicionamiento tiene en su vida, y porqué éste puede impedir el éxito que usted desea. *La Inteligencia De Su Cuerpo Mente Y Espíritu* requerirá una mente abierta, además de flexibilidad y paciencia. Es una promesa permanente de nunca darse por vencido, y una dedicación a ser lo mejor que puede ser. Este proceso incomparable le recompensará con realidades extraordinarias que le producirán victorias y triunfos innumerables. Para ser exitosos tomaremos pasos prácticos, y aplicaremos disciplinas que se volverán tan automáticas como el vivir y el respirar-todo para sacar nuestro verdadero potencial.

Este libro es el resultado de casi cuarenta años de experiencia personal, investigación y estudio de todo lo que se refiere al cuerpo y su bienestar (nutrición, salud y ejercicio), la mente (psicología y medicina relacionada al cuerpo/mente) y el espíritu (religiones asiáticas y europeas, la metafísica y la filosofía). Reflejando lo anterior, éste es la última palabra en lo que se refiere al vivir plenamente, enfocándose en la calidad de vida y su experiencia, guiándolo de una manera franca y sensata. Este libro debe ser considerado como un punto de partida, así como también, un suplemento que lo ayudará a lograr excelencia a través de su vida. Al igual, este libro le

servirá como guía decisiva para crear balance, por medio del descubrimiento y uso de su habilidad innata de navegar su propia vida con éxito.
Para incrementar su inteligencia innata necesitaremos embarcarnos en un proceso que causará un cambio en perspectiva, el cuál le permitirá integrar el poder de su cuerpo, mente y espíritu. Este proceso se apoya en información y disciplinas específicas, pero más importante es que este libro introduce una metodología que refleja nuestro sentido común–lo cual explica porque este formato puede ser eficaz para todos.

El capítulo de *El Cuerpo* habla de su salud, y de cómo cuidar de ese recipiente, explorando lo que lo hace eficiente y lleno de energía. También exploraremos los principios básicos de la salud corporal para que usted determine sus necesidades personales cuando considera su salud. El capítulo de *La Mente* se enfoca en la manera en que usted se integra a las circunstancias a su alrededor, y como participa en la sociedad. A consiguiente, exploraremos las perspectivas que gobiernan la mente. ¿Son positivas o negativas en sus expectativas y en su dirección? ¿Cuáles son las diferencias? y ¿cómo las mejoramos? El capítulo de *El Espíritu* explora la unidad de todo lo que existe a nuestro alrededor, y como honramos la fuerza que sustenta nuestra alma y corazón. ¿Cómo honramos lo que realmente somos? Y ¿cómo la integración de nuestro ser afecta la misión en cuerpo? Nosotros descubriremos como balancear nuestro sistema de energía único para que nuestro cuerpo, mente y espíritu trabajen en concierto, con el objeto de lograr nuestra idea particular de lo que es una vida realizada. También, exploraremos las cualidades dinámicas de la energía y bienestar holístico, y porqué el lograr el equilibrio de esta energía posee la llave a la vida extraordinaria.

Estos componentes energéticos crean responsabilidad hacia uno mismo, hacia otros y hacia el mundo. El grado con el que usted cuida de su cuerpo, mente y espíritu determina el nivel de equilibrio y la calidad de lo que experiencia en su vida. Cuando uno de estos elementos no está en balance, esto afecta los otros, lo que resulta en un estado de desequilibrio. Así como las patas de una silla, si una está rota la silla se ladea o se cae. Todos los elementos energéticos son fuentes de energía, y es enteramente su decisión el escoger si esta energía es positiva o negativa; energía que se multiplica, o energía que se escapa.

Estas fuentes de energía deben de ser unificadas o se dispersarán, creando una desconexión dentro de su ser. Si esto sucede, la energía positiva sufre y es desperdiciada ya que, en vez de trabajar óptimamente, se ve obligada a compensar por esta desconexión. A menos que haya balance, un elemento siempre está compensado por otro. Por naturaleza, somos criaturas resistentes y estamos diseñadas para manejar desequilibrios. Sin embargo, si no cuidamos apropiadamente de nuestro cuerpo, mente y espíritu operaremos a niveles subóptimos que, por lo general, se manifiestan como un malestar. Este malestar puede continuar, sin ser percibido, por años-hasta que una enfermedad se presenta.

Estos tres componentes son SINÉRGICOS, lo que significa que cada uno depende en los otros, y todos están relacionados. En nuestra cultura, generalmente, hemos buscado razones únicas y específicas que expliquen nuestros problemas y enfermedades. Este enfoque es fragmentado ya que tiende a ignorar otros factores que pudieran contribuir, e inclusive ser responsables, si no el origen, del problema. Esto explica la existencia de una gran abundancia de artículos, medicinas y expertos. Esto no significa que no hay necesidad de remedios específicos. Lo que se necesita es re-programar nuestra forma de pensar hacia un método más holístico que envuelva la integración de todo lo que somos, cuando estamos tratando de resolver un reto o una enfermedad. En el lado positivo, con los adelantos científicos y la tendencia hacia la globalización, la metodología occidental ha empezado a incorporar la filosofía y los remedios del este. Esta sabiduría funciona entendiendo que todo, incluyendo el cuerpo, mente y espíritu, contribuye a explicar porque nos enfermamos y, que a menos que tratemos de ver nuestros problemas desde un punto de vista holístico, no podremos resolver lo que nos afecta. También, es importante entender que el bienestar holístico incluye, no solo las dimensiones del cuerpo, mente y espíritu, sino también aquellas dimensiones externas como nuestra ocupación, nuestras finanzas, nuestra posición social y nuestro medio ambiente.

Al nivel individual, estos tres componentes, su cuerpo, mente y espíritu, representan fuerzas universales que nos ayudan a evolucionar y contribuir a los impulsos evolucionarios alrededor del mundo. Básicamente, esto significa que los tres componentes son fuentes de energía suficientemente poderosas para hacer una diferencia, en todo y a todos, a nuestro alrededor. Considere que todo lo que hacemos, en el curso de nuestras vidas, contribuye a cambios que suceden a nuestro alrededor. En cada momento del día, usted está causando un impacto a través de sus elecciones y actitudes. Nosotros, ¿seguimos, observamos, participamos, nos separamos, o nos rendimos y nos aislamos? ¿Cómo sabemos qué dirección tomar?

Nuestro compás interno siempre nos dirigirá pero, para poder utilizar su claridad, deberemos de "estar conectados". *La Inteligencia De Su Cuerpo Mente y Espíritu* le demuestra la forma de cómo desarrollar y mantener balance en los tres componentes-la totalidad de lo que somos. Éxito, sin importar su definición, es equivalente a la búsqueda de la felicidad con la más alta calidad de experiencia. Dentro de este proceso poderoso, estamos buscando éxito en todos los aspectos de nuestra vida. Este libro compacto de consejos prácticos es una guía que puede ser utilizada, día a día, para ayudarnos a permanecer centrados mientras seguimos nuestras metas.

II.

CREENCIAS Y ACONDICIONAMIENTO

Todo es posible. ¿Lo cree usted?

¿Qué es lo que usted cree acerca de la vida, la gente y el mundo en que vivimos? ¿Qué es lo que usted cree acerca de usted mismo? Cuando se trata de la vida, y sus opciones, es importante tener en mente y reflejar frecuentemente en una idea-todo es posible. Esta frase de vibración positiva es una actitud espiritual. Nos hace sonreír tan solo imaginar las posibilidades. ¿Pero lo cree usted? ¿Vive usted su vida creyendo que lo que usted quiere es posible?

¿Cuál es el papel que sus creencias y su acondicionamiento juegan cuando enfrenta retos? Es útil el entender que el acondicionamiento consiste en todo lo que se aprende. Lo que se aprende es influenciado por la familia, la sociedad, la religión, nuestros maestros y nuestra experiencia. Estas influencias forman nuestras creencias. Nuestras creencias afectan nuestros pensamientos y emociones en lo que respecta nuestros intereses, opiniones, valores, pasiones y metas.

Todos estos factores influencian nuestras acciones y, consecuentemente, nuestras elecciones. No importa quién sea, usted ha estado tomando decisiones de acuerdo a lo que usted cree es lo correcto. Al mismo tiempo, usted ha estado explorando sus opciones para mejorar su vida. A través de todo este proceso, sus creencias han guiado sus decisiones. Nuestras creencias nos apoyan, al darnos la confianza de saber cómo funciona todo en la vida. Estas creencias pintan una imagen coherente de nuestra realidad. Al mismo tiempo, nuestras creencias nos dan confianza al delinear límites diseñados para confirmar nuestras decisiones. Pero, ¿qué pasa cuando nuestras vidas no resultan de acuerdo a nuestro plan? ¿Qué pasa cuando de repente perdemos control de nuestra vida y sus eventos?

Cualquier cosa que usted haga, o escoja, usted debe de considerar que no hay nada más una forma correcta de hacerlo. No hay una forma únicamente apropiada para cada ocasión, al menos que usted decida, voluntariamente, el herir a otros. Esto no significa que usted renuncie sus principios o su responsabilidad del como toma sus decisiones, pero sí significa que usted debe de empezar a considerar los limites rígidos de sus creencias. Estos límites existen, y cuando algo en nuestra vida no funciona, la búsqueda por soluciones se complica y nos frustra. Empezamos a girar en círculos y, muy a menudo, no podemos encontrar respuestas. Desafortunadamente, no hay fórmulas secretas para la vida y el éxito, a pesar de los muchos libros útiles que podamos obtener. ¿Porque? Porque hay demasiadas gentes, demasiadas circunstancias y demasiadas experiencias que nos afectan individualmente, lo que hace la integración de una formula específica, en la mejor de las circunstancias, sirva como una guía, más no como una solución.

¿Qué es lo que esto significa? Esto significa que hay millones de formas de vivir la vida y tomar decisiones. Desde un punto de vista profesional, por ejemplo, usted puede decidir ser un abogado, un cartero, un vendedor, un doctor o un escultor. Posiblemente usted decida ser un actor o una estrella famosa. Posiblemente decida el hacer investigaciones que lo lleven alrededor del mundo. A nivel personal, usted puede casarse con cualquier persona que usted elija, puede permanecer soltero o decidir no tener hijos. ¿O puede? ¿Está usted seguro que su acondicionamiento- lo que usted cree- no ha tenido parte en sus decisiones? ¿Está usted consiente de que usted puede tener creencias que lo han prevenido de lograr lo que en realidad quiere?

Todos tenemos una variedad de opciones, particularmente en los Estados Unidos, pero, lo que sin duda nos limita en nuestro potencial, es nuestro acondicionamiento. Acondicionamiento es lo que otros nos han enseñado a creer, y eso ha logrado crear voces con raíces profundas que se adueñan de nosotros y empiezan a decirnos, "No sé si debo ser artista, no haré mucho dinero, es difícil tener éxito en esa profesión". En el ámbito personal esas voces pueden decir, "Si me caso con él/ella, ¿aprobarían mis padres? ¿Qué es lo que pensarán mis amistades? ¿Es él/ella del círculo social correcto?" Esas voces también pueden imponer miedo en lo que respecta a su edad, lo cual lo apresuraría a casarse. Esas voces también podrían producir pensamientos como, "Soy muy infeliz con mi vida," "Estoy atorado en una mala relación, mi trabajo es muy estresante y no puedo cambiar mi vida – tengo demasiadas obligaciones." O, ¿ha escuchado usted la voz más derrotada de todas?, aquella que dice, "Es demasiado tarde para mí," "No puedo hacer nada para cambiarlo" o, "Así es la vida."

¿Qué tan a menudo quiere usted hablar pero no lo hace porque hay un patrón emocional que empezó en su niñez? ¿Qué tan a menudo se da usted por vencido cuando lo único que está buscando es aceptación? ¿Está usted obsesionado con hacer feliz a la gente a su alrededor? ¿Qué tan a menudo acepta las ideas de otros mientras esconde el deseo de mencionar su desacuerdo, pero no tiene el valor de hacerlo? ¿Qué tan a menudo siente que no merece el soñar sueños grandes? y se sienta estupefacto en derrota, en vez de aceptar que simplemente usted no se siente merecedor.

Algunos de ustedes puede que estén reaccionando diciendo, "Vamos eso ya no importa. Vivimos en una época donde las oportunidades y la libertad de elegir existe para todos." A lo mejor, pero usted no sabe exactamente lo que le es disponible, y que tan difícil será el lograrlo, hasta que usted no esté enfrente de ese conflicto. Y habrá conflicto. Su acondicionamiento impedirá sus esfuerzos al revelar una mentalidad llena de limitaciones y voces que lo desaniman. Éstas son las voces que usted cree, y estas creencias influencian sus decisiones. La calidad de sus elecciones reflejará sus creencias, y si éstas son negativas o limitantes, lo que usted ambiciona será más difícil de obtener y, posiblemente, sea completamente inalcanzable. Si oportunidad y éxito fueran tan fáciles, todos estaríamos felices, satisfechos y contentos, sin ninguna preocupación en el mundo. Si usted tiene la fortuna de vivir su vida tomando decisiones con la más grande claridad e integridad, ¡le aplaudimos! Sin embargo, sin importar dónde estemos en nuestra habilidad de luchar por lo que creemos, sin duda, la vida pondrá a prueba nuestra determinación al presentarnos con retos más y más difíciles. ¿Podrá usted sobrevivir?

Cada uno de nosotros tiene su esencia individual; una inteligencia que nos influencia, nos motiva y determina el nivel de comodidad en todo lo que hacemos. Cuando no estamos en balance, estamos incómodos y acosados con pensamientos que atacan nuestros instintos innatos, aquellos que nos dicen cómo nos sentimos realmente. En otras palabras, no estamos siendo honestos con nuestra esencia–ese aspecto de nuestro ser que, si es ignorado, seguramente invitará incomodidad, descontento e infelicidad. Es crítico el no dejar que las ideas de otros nos dicten lo que es correcto para nosotros. **Lo que es correcto para nosotros se descubre a través de nuestras vidas.** Durante este crecimiento nosotros evolucionamos personalmente.

Al par con nuestro desarrollo personal, la humanidad también está en una etapa evolucionaria. Simplemente, esto significa que de década a década, de centuria a centuria, de milenio a milenio, estamos cambiando, adaptando y aprendiendo. Como podemos ver, muchas gentes, culturas, lenguajes y estilos de vivir existen, y no hay una forma correcta de vivir o de hacer algo. La historia claramente nos ha demostrado que el cambio, particularmente de mentalidad, es inevitable. Si hubiera una manera ideal, ¡todos estaríamos felices siguiendo ese camino glorioso!

Hay muchos estilos de vida. Algunos de nosotros practicamos una religión, otros no. Algunos trabajamos en una oficina de nueve a cinco, otros trabajamos medio día desde la casa, y aún otros no trabajan. Por otro lado, hay personas que asumen que el estar casado es más estable que el estar soltero, mientras otros encuentran el matrimonio restrictivo y limitante. Todos elegimos. El hecho de poder elegir una opción en vez de otra no nos asegura el balance. Con suerte, mientras caminamos el sendero de la vida, elegimos con un sentido de honestidad-el ingrediente necesario para mantener los tres elementos de cuerpo, mente y espíritu en balance.

Necesitamos aceptar que, desde que nacemos, a todos nos han dicho como pensar y sentir, y hemos sido acondicionados a aceptar lo que otros pensaron era aceptable. Generalmente, asumiendo la mejor de las intenciones, nuestros padres nos enseñaron todo lo que sabían, y nos guiaron usando lo óptimo de sus habilidades. Algunos de nosotros no tuvimos ni siquiera eso. A través de una gran variedad de sujetos, educadores han tratado de inspirarnos y dirigirnos. Líderes religiosos han definido nuestra moralidad y espiritualidad. Como la fuerza de una ola gigantesca, nuestra sociedad nos ha inundado con acondicionamiento. La sociedad promueve, a través de celebridades, realidad tv y otros ejemplos versiones homogenizadas de lo que debemos de ser-y también nos dicta lo que nos va a hacer felices, enfatizando la búsqueda de la riqueza material. Cada situación y persona que nos hemos encontrado, a través de nuestras vidas, ha dejado una huella que nos ha dado perspectiva. Desafortunadamente, no todas esas influencias has sido positivas o acertadas. Lo que necesitamos recordar es que todas esas influencias nos han dado **perspectiva**, lo que **es simplemente un punto de vista particular.**

El acondicionamiento es todo lo que hemos aprendido, bueno y malo. Sin embargo, nuestro compás interno, nuestra inteligencia y esencia, es capaz de guiarnos a través de una variedad interminable de perspectivas que encaramos a través de nuestras vidas. ¿Escuchamos y registramos lo que nuestra conciencia nos dice?, o ¿es nada más un ruido del mundo exterior ahogando exitosamente esa voz elusiva?

El acondicionamiento empieza como una preparación diciéndonos lo que debemos querer en la vida. Tiene el poder de cementar nuestras creencias. Puede que hayamos tenido padres o maestros quienes hayan fomentado disciplina en los deportes. Puede que esto haya sido la única razón del porqué fuimos exitosos en ese deporte y decidimos seguir una carrera de atleta. O esa misma lección de disciplina permaneció en nuestra mente, y cuando, finalmente, figuramos nuestra vocación, nos apoyamos en nuestra habilidad de ser disciplinados para tener éxito. A lo mejor, nada tenía sentido hasta que no compartimos nuestro sueño con un extraño en la calle quién expresó aprobación por su originalidad, lo suficiente para que tomáramos un paso hacia adelante. O, a lo mejor, fueron las palabras de un amigo lo que nos evitó el cometer un error terrible en una relación sin amor.

No todo el acondicionamiento es problemático o evolucionario. El acondicionamiento es un biproducto generado, naturalmente, por la humanidad al evolucionar e integrar cambio- buscando el mejorar el mundo en su totalidad. ¿Qué tiene esto de malo?, nada–provisto que usted esté de acuerdo con los dictámenes de *otros*. Para nuestro propósito, digamos que, a pesar de las intenciones altruistas de cierto acondicionamiento, nosotros aún debemos de escoger lo que queremos y como conseguirlo, particularmente si queremos crear un balance en todos los aspectos de nuestra vida. Sus elecciones tendrán que ser *suyas*, no *las de los demás*, y esa realización automáticamente eliminará la presión cuando usted esté considerando sus opciones.

Sin importar los sueños que tengamos, **el cambio y su incertidumbre es un concepto que requiere**

aceptación, y es un ingrediente necesario para aumentar su inteligencia innata. Cuando adoptamos un enfoque abierto y flexible a todo lo que nos toca en la vida, la mayoría de lo cuál será desconocido e inesperado, recibimos el regalo de las posibilidades y soluciones infinitas. Sin bacilar, reconocemos que a pesar de no saber lo que se puede esperar en cualquier situación, el temor puede crecer y parar nuestros sueños y, por lo tanto, seguimos adelante hacia lo desconocido. Esta actitud, sin temores, se manifiesta a través de nuestro espíritu y lo conocemos por el nombre de valor.

Dado que la humanidad cambia en conjunto, ¿no tendría sentido que empezara con cada uno de nosotros individualmente? ¿Cómo se efectúa el cambio? Básicamente, es el valor de una persona multiplicado por cientos, entonces miles y millones quienes se atreven a imaginar una idea nueva o diferente. En otras palabras, cuando una idea se propaga, y si la mayoría lo acepta, esta se vuelve en norma. Pero el cambio es una batalla difícil y toma tiempo. Generalmente hablando, los seres humanos detestan el cambio y el sacrificio que este requiere.

Por ejemplo, en los Estados Unidos, la mujer ganó el derecho de votar hace menos de una centuria. Tomó tiempo, valor y persistencia continua para romper con las tradiciones y lograr la aceptación de lo que ahora nos parece sentido común. Las mujeres se pusieron en huelga de hambre para hacer que sus voces se oyeran. Los hombres se opusieron con todo el poder que tenían, convencidos del papel secundario de la mujer, excepto por un puñado de hombres que mantenían una perspectiva diferente. En el siglo quince, Leonardo da Vinci fué ridiculizado cuando se imaginó a gente volando en aviones. Tomó casi cinco siglos más para que la realidad del viaje por avión se convirtiera en una cosa tan normal como la calesa y el caballo.

Todos nos podemos acordar de una era durante la cual existían distinciones absurdas, y las habilidades intelectuales eran determinadas por unos cuantos elegidos. No es nuestra intención debatir estas fallas de la historia, en vez, quisiera motivarlo a accesar su esencia, su propia habilidad innata de determinar lo que es correcto para usted. ¿Está usted tomando sus propias decisiones? o, ¿está permitiendo que otros las dicten? ¿Cómo se siente más cómodo? Si alguna parte de usted se siente presionado porque está actuando en contra de su compás interno, ¡ponga atención! Sin percatarse, usted está pidiendo una vida llena de desilusiones. ¿Por qué? Porque cuando usted está temeroso, y escoge actuar en contra de lo que siente es mejor para usted, su vida se transforma en una cadena de desilusiones que causan pesar. En vez de tratar de realizar sus sueños, usted toma el camino de oportunidades desperdiciadas y, con ello, una vida de arrepentimiento.

Imagínese, todos tenemos nuestra propia esencia, una inteligencia innata que ha sido frustrada por el acondicionamiento. Claro, todo es relativo – ¿en qué medida es su acondicionamiento un factor cuando toma decisiones? Entramos y salimos de crisis para descubrir que estábamos ocupados haciendo exactamente lo que todos los demás esperaban de nosotros. Exceptuando a algunos pocos afortunados, no muchos de nosotros sabemos qué estudiar en la escuela, qué tipo de profesión seguir o como escoger una pareja durante las varias etapas de nuestra vida. La mayoría de esto puede ser atribuido a la multitud de sugerencias que recibimos de toda la gente con la que nos topamos durante nuestro crecimiento. Aun cuando usted cree que lo tiene todo figurado es posible que todas sus ideas cambien en el transcurso de su vida, en el proceso de probar y fallar. Si es así, ¿cómo lograr romper con esto? Tres palabras: **rompa su acondicionamiento.**

El romper su acondicionamiento no significa que usted tire por la ventana todo lo que usted sabe e ignore o abandone todo lo que se le ha enseñado-aunque muy bien pudiera ser lo mejor. Quizás el único reto que usted tendrá en su vida sea el enfrentarse a su padre o a su madre. Aun así, esto representa el rompimiento de un patrón, una reacción acondicionada a una situación en particular, que lo hace sentirse incómodo. El romper su acondicionamiento lo lleva directamente hacia el descubrimiento de su inteligencia innata, su esencia–el compás interno que nunca lo guiará erróneamente. ¿Sabe usted por qué? Porque, siempre y cuando usted siga lo que usted cree es lo correcto, la responsabilidad de sus actos terminará con usted. No habrá nadie más a quien culpar por sus errores o a quién agradecer por sus éxitos. Todas sus experiencias, buenas y malas, lo guiarán hacia donde usted quiere estar. Sepa que el ser lo que usted quiere ser es un proceso sagrado. Si por otro lado, usted escoge lo que otros esperan de usted, usted estará muy ocupado batallando, no solo las expectativas de otros, sino también lo que usted espera de sí mismo. La carga es monstruosa. Si usted elije aceptar lo que otros esperan de usted, usted será el único que sufrirá las consecuencias de esta elección. Desafortunadamente, serán las decisiones correctas de otros lo que le causarán su inestabilidad perpetua.

¿Alguna vez lo ha visto de esa manera? Aquí está usted perfectamente consciente de lo que tiene que hacer pero, al mismo tiempo, cayendo víctima de lo que otros le aconsejan. Peor aún, algunos de nosotros aguantamos amenazas, trampas, manipulación y otras formas de coerción, todo con la intención de obligarnos a hacer lo que otros quieren, lo cual es siempre presentado como siendo lo mejor para nosotros. O, ¿de verdad? deberíamos de preguntar. Usted ha logrado que todos adopten la manera correcta de hacer las cosas, y aún usted es el único que tiene el potencial de ser infeliz y miserable. ¿Dónde estarán todos cuando el conflicto aplaste sus pensamientos y la crisis estalle? ¿Pueden ellos detener su miseria? Lo que es bueno para una persona no es necesariamente bueno para otra. Nada más porque su padre fue feliz trabajando en una oficina no significa que usted será feliz en las mismas circunstancias. Pero discúlpelo por sus consejos. Él nada más está pensando que lo que trabajó para él también debe de trabajar para usted.

Naturalmente, hay aquellos que se callarán y pretenderán que hicieron lo adecuado y tomaron la elección correcta, aunque sus compases internos les hayan indicado otra dirección. ¿Por qué? Porque es más fácil racionalizar y tomar decisiones basadas en lo que los demás esperan. Es difícil escuchar la sabiduría de su esencia cuando esta no está de acuerdo con las normas. Aquellos que pretenden y se callan se enfocan en negar la fricción interna, ya que esto es menos conflictivo y causa menos estrés.

Estas personas insistirán en creer que pueden manejar las consecuencias de sus elecciones. Buena suerte. Nunca es así. No importa quién es usted. No importa cuál es el problema, eventos surgirán constantemente para recordarnos que había otra elección que de verdad preferíamos. El fallo de no haber tomado su elección preferida continuará persiguiéndolo hasta que esté tan presionado que no tendrá otra salida más que el hacer lo que usted originalmente ignoró.

Por ejemplo, todos sabemos evitar el prospecto de terminar una relación y las dificultades emocionales obvias que esto trae. La pregunta es, ¿nos enfocamos en la dificultad y la incomodidad? o ¿hacemos lo correcto y le comunicamos a nuestra pareja que nuestros sentimientos han cambiado- y que queremos terminar la relación? O ¿permanecemos en la relación, por un sentimiento de culpabilidad o miedo, hasta el punto de casarnos y tener hijos y después preguntarnos cómo fué que toda esa miseria e inestabilidad fué creada? ¿Qué hará usted entonces? Antes de que se dé cuenta la relación se descontrola y se complica, sin necesidad. Si tan solo hubiéramos sido honestos con nosotros mismos.

¿Qué pasa si usted ignora las señales y no rompe su acondicionamiento? Una de dos cosas está garantizada: usted se arrepentirá o/y tendrá un sentimiento de que ya no tiene más tiempo y que es demasiado tarde para conseguir lo que usted desea de la vida, o le echará la culpa a todo o a todos por no tener lo que usted quería. Estos conflictos, reconocidos o no, se traducirán en ansiedad, depresión y otros problemas mentales y enfermedades físicas. ¿Esto suena como algo que usted quisiera invitar en su vida? ¿Quisiera usted esta clase de desajuste o complicación?

Cuando fuimos jóvenes, mucha gente nos dijo lo que debíamos de hacer y cómo hacerlo. Si no hicimos lo que se esperaba inevitablemente empezamos a adquirir inseguridades. Cuando niños, nuestros padres, maestros y compañeros solían regañarnos, mientras algunos de nosotros fuimos ignorados y excluidos. Muy pronto, descubrimos como ganar aceptación remplazando nuestro verdadero ser con máscaras bien diseñadas para satisfacer cualquier cosa que se esperaba de nosotros. A lo mejor nuestros padres nos desanimaron a demostrar algo de nosotros, como el usar colores escandalosos, simplemente porque ellos pensaban que los colores neutrales eran más aceptables. A lo mejor nos dijeron que nuestros padres estarían orgullosos si sacáramos grados más altos, sobresaliéramos en los deportes o fuéramos a la iglesia los domingos. Como usted puede apreciar, ninguna de estas actividades aisladas es perjudicial. El problema es que, a lo mejor, nosotros nacimos con la tendencia de preferir los colores brillantes, con la habilidad de sacar nada más que grados promedio y/o simplemente no nos interesó la experiencia religiosa. ¿Estuvimos mal en haber sentido de esta manera?

La respuesta es obvia. Lo que no es tan obvio es que tan solo la insistencia de nuestros padres o compañeros, una simple mirada de desaprobación o un sentimiento repentino de rechazo puede ser una influencia poderosa. Dependiendo en la fuerza de nuestras personalidades, y la cantidad de todas esas influencias en nuestra niñez, hicimos lo que pudimos para cambiar lo que realmente éramos con tal de ser aceptados. Al paso del tiempo, el impulso de conformar se convirtió en inseguridad. Como adultos, estas inseguridades formaron nuestras creencias, y se manifestaron en acciones que causaron respuestas automáticas que no reflejaban nuestra verdadera naturaleza. A pesar de nuestras mejores intenciones, desarrollamos sentimientos de incompetencia, lo que destruyó nuestra habilidad de estar en balance cuando teníamos que elegir lo que era correcto para nosotros.

No subestime el poder del acondicionamiento. El entender nuestro acondicionamiento es una batalla desesperada de evaluar como nuestras vidas han sido influenciadas negativamente. Lo que queremos, y lo que nos han enseñado a querer, envuelve un conflicto perenne entre lo desconocido, y lo que sabemos y nos es familiar. El romper el acondicionamiento requiere el pelear contra la marea de lo que es aceptable, y la manera aceptable de tomar decisiones. Este proceso representa una batalla, ya sea interna (con nosotros mismos), o externa (con otros). Lo desconocido, aunque sea mejor para nosotros, inspira suficiente temor para detenernos. También, sin importar quienes somos, habrá mucha gente que tratará de pararnos. No porque no quieran lo mejor para nosotros, sino porque tienen miedo, y por su miedo justifican las respuestas acondicionadas que todos sabemos muy bien.

Estos son ejemplos simples pero, imagínese si usted, como mucha gente, vivió circunstancias peores como el abandono, abuso y reforzamiento negativo. El descifrar el acondicionamiento extremadamente negativo no es muy diferente al descifrar cualquier otro acondicionamiento, pero puede requerir terapia profesional. Aunque tengamos padres que hayan tenido las mejores intenciones, pero que simplemente no tomaron el tiempo para establecer ejemplos apropiados o clarificar sus expectativas, es posible dejar a los hijos sintiéndose abandonados y no deseados. Estos sentimientos aumentan aún más las inseguridades que también puede que requieran el cuidado de un psicoterapeuta.

Nadie es inmune cuando se trata de reacciones pre-acondicionadas. A lo mejor usted fué el tipo de niño que necesitaba más apoyo y guía o un niño que no poseía la personalidad centrada necesaria para enfrentarse a padres que no eran particularmente amorosos. A lo mejor sus padres le recordaban continuamente lo que percibían eran sus debilidades y fallas, sin darse cuenta del daño que le estaban haciendo. O posiblemente usted tuvo padres quienes ensalzaban todo lo que usted hacía hasta al punto de crearle una actitud privilegiada–dejándolo sin preparación para enfrentar los retos de la vida. Sepa que, en general, todos tenemos que luchar con las consecuencias del acondicionamiento.

Lo chistoso acerca del acondicionamiento practicado hoy en día es que, esencialmente, es una falacia. Si cualquiera de estas influencias y sus creadores estuvieran en lo correcto, ¿no este acondicionamiento resolvería todos nuestros problemas? **La verdad es que estos problemas son considerablemente subjetivos y requieren manejo a través de nuestras vidas.** El romper su acondicionamiento, a través de la clarificación de sus creencias, no extinguirá sus problemas del todo. Sin embargo, cuando las crisis surgen, el entender sus creencias le ayudará a estar suficientemente alerta para entender los síntomas y sus orígenes–de manera que usted pueda ignorar sus influencias al tomar una decisión. Usted podrá mitigar los límites rígidos impuestos por esas creencias, otras formas de pensar florecerán y nuevas soluciones podrán ser utilizadas para resolver problemas difíciles. Siempre estamos siendo retados. Cuando ignoramos la necesidad de ser quiénes somos y dejamos de preguntarnos lo que creemos y la influencia de nuestro acondicionamiento, síntomas de ansiedad, depresión, compulsividad y otras enfermedades pueden empezar a presentarse en lo que aparenta ser nuestras vidas tranquilas.

El acondicionamiento y las respuestas acondicionadas crean carencias de energía en nuestras vidas, especialmente, cuando nuestro verdadero ser desea algo diferente. En ese momento, empezamos a dedicar demasiado tiempo y energía debatiendo entre lo que es considerado normal y lo que de verdad deseamos. Nuestra energía positiva se convierte en energía negativa porque estamos atorados en la ambigüedad. Nuestra energía buena se acaba y se desperdicia, particularmente, cuando estamos atrapados en el abismo de lo que queremos. Sin embargo, esta energía puede ser transformada en positiva cuando creemos que podemos obtener lo que queremos y empezamos a dedicar más tiempo explorando las posibilidades. Conscientemente escogemos el enfocarnos en las opciones que nos acercan más a esa meta. Necesitamos evitar los peligros de la subibaja que resultan cuando la energía negativa remplaza la energía positiva–lo que seguramente nos sacará de balance.

Lo que sea que hagamos debemos aceptar que es nuestra elección, aunque nos sintamos manipulados, engañados, insultados o presionados por las circunstancias o por la gente. Debemos abandonar las emociones negativas porque éstas nos transforman en prisioneros de nuestros pensamientos negativos y, por consiguiente, los resultados negativos. No hay lugar para pretextos cuando se está creando un plan para una vida con éxito y significado. Soluciones prácticas se presentaran en el capítulo de *La Mente*.

El romper su acondicionamiento se trata de alcanzar su potencial óptimo. Muchos de nosotros estamos operando en niveles de energía mínimos y ¡ni siquiera lo sabemos! Si continuamos adheridos a nuestras respuestas acondicionadas, (aquellas que son problemáticas), estamos ocupados poniendo en práctica ideas, que otras personas piensan, es lo mejor para nosotros. En el exterior puede que estemos obteniendo éxito en alguna área de nuestra vida, pero eso no significa que estemos operando a lo máximo de nuestro potencial, en todo lo que hacemos. Imagine lo que pudiera lograr si lo que usted desea es fomentado por su potencial verdadero. Nada se haría a medias. Usted emitirá el tipo de energía que lo hace todo posible, sin importar lo que es. ¿No todos hemos oído historias innumerables acerca de gente que cambia carreras exitosamente en la mediana edad o después? ¿Gente que deja ocupaciones como doctores, abogados y banqueros de inversión, y cambian a ocupaciones en la cocina, la jardinería o pintura todo con tal de obtener un sentimiento de satisfacción y realización personal? ¿Y las historias de éxito de gente ordinaria que lucha por una causa que se extiende hasta evolucionar a ser algo nacional o mundial? ¿Y las historias acerca de gente que después de haber tenido un matrimonio largo y difícil encuentran el amor verdadero a los sesenta? ¿Coincidirán sus elecciones con su potencial?

EL PROCESO DE ROMPER EL ACONDICIONAMIENTO

Respete el proceso de romper su acondicionamiento. Esta es una práctica que toma lugar a través de la vida y empieza con pasos pequeños. Trace lo que usted quiera lograr en su vida y sea paciente. Esté siempre abierto al adaptarse y cambiar su plan. Usted no es un fracaso si cambia de plan a la mitad de su camino. **Sepa que el cambio es una progresión natural hacia el éxito que usted desea.** Puede ser un proceso atroz, ya que no sabemos que esperar, de manera que debemos confiar que lo que se avecina es positivo para nosotros. Además, cambio, sin duda, involucrará a nuestros seres queridos, lo que resultará en desacuerdos y conflicto. Algunas veces, el cambio nos causará el ofender o herir a gente que no entiende nuestras decisiones. El romper el acondicionamiento, y el embarcarse en el camino de ser más de lo que somos, muy posiblemente presentará obstáculos que mejor quisiéramos evitar.

Exactamente, ¿qué es lo que pasa cuando enfrentamos nuestro acondicionamiento y empezamos a examinar lo que creemos? Entramos a un mundo ajeno, un lugar lleno de situaciones desconocidas y aterradoras– aunque sean obviamente mejores y nos guíen hacia la vida que deseamos. El problema es que no hay nada seguro y nuestra respuesta acondicionada nos dirige a correr hacia lo que pensamos es seguro-lo familiar. Trate de resistir la atracción hacia lo que le han enseñado es seguro, lo que es lo conocido. Lo conocido es simplemente lo que se puede predecir, mientras que lo desconocido no se puede predecir. Nuestro deseo de escoger lo conocido es un intento de controlar las cosas que realmente no podemos controlar.

¿A dónde nos llevará lo desconocido? Cuando el proceso de romper su acondicionamiento empieza usted se empezará a sentir dramáticamente mejor. Muchas más opciones existen en el mundo desconocido y, aunque nos cause temor, lo desconocido no lo limita a usted o su imaginación. Consecuentemente, tampoco limita lo que usted puede lograr. Eso es bueno. En el mundo desconocido, usted empezará a acercarse a su verdadero ser y empezará a ser más fácil el expresar su verdadera naturaleza. Eso se sentirá inclusive mejor. En este proceso de familiarización con su verdadera esencia, su nuevo ser se apoderará de una avalancha de opciones que lo liberarán de las cadenas impuestas por las respuestas pre-acondicionadas. A medida que usted se relaciona con gentes diferentes y emprende actividades nuevas, usted puede que se sorprenda agradablemente al descubrir nuevas habilidades, talentos y destrezas originalmente percibidas como fuera de su alcance o, simplemente, fuera de su habilidad.

El romper su acondicionamiento, sin duda, empezará a

enfocarse en su incomodidad porque usted empezará a retar sus creencias establecidas. Tenga cuidado con todos aquellos a su alrededor quienes continuamente fortalecerán su acondicionamiento original, el mismo que usted está tratando de cambiar. Estas creencias existen. ¿Cómo es que se encontraron ahí? Para sentirnos conectados con otros, gravitamos hacia aquellos que se parecen más a nosotros. Nuestros amigos cercanos usualmente representan un grupo de gente quienes coinciden con nosotros en asuntos importantes. Ellos creen lo que nosotros creemos, nos gustan hacer las mismas cosas, comer lo mismo y, generalmente, compartimos un terreno común. Si su grupo de amistades incluye a aquellos que lo apoyan sin juzgarlo ¡apréciaelos! Pero, pueda que usted quiera considerar el obtener nuevos amigos que sientan de la misma manera que usted, o sea, que estén buscando la oportunidad de expandirse como usted. **No todas nuestras amistades podrán evolucionar con nosotros a través de los varios ciclos de cambio.** Algunas relaciones sobrevivirán el proceso mientras otras no podrán. Es una buena idea el aceptar y practicar el arte de abandonar aquellas relaciones que ya no contribuyen positivamente a nuestras vidas. Éstas son las amistades que lo presionan para permanecer en su mismo sitio o lo alejan de sus verdaderos deseos. Como todos sabemos, las amistades pueden ser negativas y pueden desperdiciar energía valiosa, la cual sería mejor utilizada para avanzar lo que realmente somos y lo que quisiéramos ser. Nuevas amistades pueden facilitar el proceso de romper su acondicionamiento, ya que lo apoyarán automáticamente. Ellos no juzgarán lo que usted era, y lo harán sentirse cómodo con su nueva forma de ser, lo que hará su ajuste menos estresante.

El proceso de romper su acondicionamiento puede ser largo. Usted vacilará, entre su pasado y presente, tratando de evaluar por qué usted realmente tiene que hacer todo lo que está haciendo. No espere resultados inmediatos, de hecho, no espere más nada que cambio. Y no se sorprenda de que, cuando usted empiece a confrontar su acondicionamiento, usted empiece a sentir síntomas físicos. Síntomas tales como ansiedad, pánico e incomodidad en general aparecerán para detener este proceso, el cual quisiéramos evitar, porque el cambio es difícil. Si fuera fácil, ¿no todos estaríamos deslizándonos a través de la vida, sin ninguna dificultad?

No hay prisa para hacer nada. Usted no tiene que saber lo que quiere o no quiere, ni tampoco necesita saber cuál de todas sus creencias quisiera enfrentar. Nada más practique lo siguiente: póngase en nuevos lugares, nuevas situaciones y nuevas actividades. Haga nuevas amistades. **El punto es hacer cosas diferentes y fuera de lo familiar.** Tiene una vida para hacerlo. Nuevas situaciones le causarán el relacionarse con gente nueva quienes pueda le inspiren a ver la vida de una forma diferente–diferente de la manera en que usted la había visto hasta ahora. Cuando estos momentos surgen, y cuando usted está listo para enfrentarse a su acondicionamiento, y usted es el único que es capaz de saber cuándo es el momento, de un paso hacia atrás y regrese a ello más adelante. Usted no quiere volverse esclavo de un proceso que causa un análisis de emociones enterradas. La forma en que el acondicionamiento nos afecta, y por qué deberíamos estar continuamente atentos de ello, serán discutidos en los capítulos *de El Cuerpo, La Mente y El Espíritu.*

Una vez que usted se enfrente a su acondicionamiento, usted podrá cambiar y convertirse en una versión más auténtica de sí mismo. Usted tendrá la vitalidad y energía para lograr éxito en lo que usted decida es importante. Guarde en mente que usted ha sido programado, y que la programación debe de ser rota para descubrir lo mejor de usted. Ésta es la única forma de hacerlo, y todos nos enfrentamos a ello, consciente o inconscientemente. Ya sea que usted le llame acondicionamiento, o cambio, usted lo está confrontando. Generalmente, lo eventos que nos suceden nos retan a confrontar nuestra programación, particularmente, cuando nos encontramos en el tipo de crisis que, de repente, nos despierta al ¡golpearnos en medio de los ojos!

Por ejemplo, si hemos sufrido el control de un padre o un esposo es nada más una cuestión de tiempo hasta que acumulemos suficiente resentimiento para transformarlo en una crisis. A través de una tremenda incomodidad emocional, nuestra esencia (lo que realmente somos), se manifiesta y se mueve hacia adelante. La esencia de nuestra inteligencia innata nos motiva a romper y liberarnos de las cadenas que nos han evitado el dar un paso por nosotros mismos para convertirnos en lo que podemos ser. El romper el acondicionamiento, y el escapar esos elementos que definen los principios de lo que creemos, toma valor extraordinario. El enfrentarse a nuestros padres, esposos, amigos y otros seres queridos siempre es difícil, por lo que el acondicionamiento tiene tanto poder. Es también por eso que constantemente racionalizamos que lo que queremos debe ser ignorado, mientras que lo que otros quieren debe ser practicado. Negamos la necesidad de romper nuestro acondicionamiento al asumir que los deseos de otros serán efectivos, y al insistir que todo estará bien y no será tan complicado. Piénselo de nuevo. Las elecciones de otros lo dejan sin ninguna alternativa, mientras que el escoger lo que usted desea lo deja con todas las alternativas que se pueda imaginar. ¿Cuál le suena mejor a usted?

Cuando tomamos nuestras decisiones hay unas pocas reglas que necesitamos integrar. Tenga cuidado con gente, grupos e instituciones que proclamen ser los únicos que tienen cierto conocimiento, idea, estilo o alguna otra cosa. Inclusive los llamados expertos– usted necesita saber que ellos también, como nosotros, no son infalibles. Tenga en mente que estas personas están ahí para darnos perspectivas, expandir nuestras opciones y educarnos, para que así podamos tomar decisiones correctas. Lo que vamos a desarrollar es un centro *intuitivo* que debe usarse, sin importar el tipo de decisión. Es una fuente increíble en nuestras vidas porque nos guía correctamente cuando nada parece tener sentido.

¿Cómo accesamos esta fuente valiosa? Esto toma un esfuerzo concentrado. Como mencionado antes, desde nuestra niñez hemos sido acondicionados a aceptar las ideas y la guía de todos los demás. El ir en contra de lo que ha sido firmemente sembrado como aceptable, en nuestro sistema de creencias, es un proceso difícil. Estamos tan acondicionados a aceptar que lo que creemos es lo correcto que cuando nos enfrentamos con otras creencias o alternativas empezamos a evitar esta confrontación interna. Esta tendencia de evitar una confrontación es puramente la victoria de nuestro deseo de encerrar o apagar nuestro potencial verdadero-y el no poner nuestro verdadero ser en acción. **El accesar nuestra inteligencia innata requiere el preguntar, deliberadamente, lo que creemos, el buscar alternativas y el tomar acción para descubrir lo que es mejor para nosotros.**

Sepa que no es posible el estar de acuerdo con todos aquellos con los que nos topamos durante nuestra vida. Nuestras personalidades son diferentes, así como nuestros gustos y disgustos, y amamos de forma diferente. No todos estamos destinados a seguir patrones tradicionales o convencionales. ¿Qué es lo que debemos hacer si lo que la convención acepta no está de acuerdo con la manera de cómo nos gusta hacer las cosas? ¿Continuamos siguiendo la norma y abandonamos nuestra responsabilidad con nosotros mismos? Si empezáramos a caer en esa idea, el resultado sería lo equivalente a darle a otros el poder sobre lo que pensamos, como actuamos y como sobrevivimos. **ESO** acabaría con la oportunidad de desarrollar nuestro verdadero potencial. ¿Qué es lo que usted escogerá?

Dude todo lo que usted lea y dude todo lo que le digan, al menos que tenga "sentido" para usted. Eso es todo. Usted no necesita pruebas para creer en sí mismo. Trate de integrar esta forma de pensar cuando evalúe todas las fuentes de información a su alrededor. Tenga en mente que nada más porque alguien es un experto no le da la razón. ¿Se acuerda del escándalo en la Iglesia Católica, los escándalos en la Casa Blanca durante las presidencias de Richard Nixon y Bill Clinton? ¿El escándalo en las Naciones Unidas relacionado con el Programa de Petróleo por Alimentos? o ¿ejemplos descarados de líderes funestos como Stalin y Hitler? ¡Use su sentido común y confíe en sus instintos!

Tenga cuidado con aquellos que quieren homogenizar la sociedad o la cultura con la actitud de "estás con nosotros o en contra de nosotros", quienes actúan como si ellos supieran lo que es mejor para usted. Esto puede incluir la mayoría, pero también puede incluir cualquier grupo minoritario que trata de imponer sus mensajes a la fuerza. Puede que usted considere esas ideas como posibilidades a tomar, pero **confíe en sí mismo. Acostúmbrese a preguntar, "¿Quién lo dijo?" y "¿Por qué tienen razón?"** ¿Que identidad quisiera usted representar?, ¿la que es inherentemente suya? o, ¿la que todos piensan es mejor para usted? Sepa que cuando usted va en contra de su esencia, su compás interno, usted se está condenando a una vida entera de desequilibrio.

Trate de no definir su grupo social de acuerdo a categorías. Por ejemplo, sus amistades ¿son todas las mismas, interesadas en lo mismo en que usted está interesado?, o ¿tiene amistades de todos tipos? ¿Está usted siendo retado con nuevos conceptos e ideas? lo que sería posible si tuviera amigos quienes hacen cosas diferentes. ¿Le tiene temor a las cosas desconocidas? ¿Le atrae lo conocido, con lo que usted creció o lo que le han dicho? Ninguna de estas decisiones es indeseable, siempre y cuando hayan sido exploradas—nada más trate de recordar que su individualidad no puede ser categorizada.

Cuando es su elección, es su responsabilidad. Es por esto que probablemente tenemos temor de hacer lo que queremos. Dejamos que el temor de elegir entre tantas opciones nos orille a hacer lo que es más fácil porque ¿tenemos miedo de errar? ¿Permitimos que el miedo nos guie, indicándonos cuando es hora de someternos a lo que es familiar? Cuidado. Siempre pregunte lo que es acondicionamiento, y lo que no es, para estar seguro de que lo que usted haga es completamente su decisión.

ENCONTRANDO SU ESENCIA

¿Qué es su esencia? Es lo que usted realmente es, **su ser auténtico**. ¿En que está exactamente basado?

Está basado en su fe en sí mismo. Tanta fe que le proporciona paciencia tenaz y constante en todas sus acciones. Esta fe es la habilidad de perder el miedo de no tener control y desarrollar una confianza natural en todo lo que usted es. En resumen, es todo lo que le gusta y no le gusta, lo que le agrada y no le agrada y todo aquello hacia lo que usted gravita personal y profesionalmente en absolutamente todo lo que hace. Su esencia está directamente relacionada con su espíritu y es tan individual como sus huellas digitales.

¿Cómo encuentra su esencia? Cheque su autoestima y su imagen (la cuál es mejor conocida como el ego). La autoestima es lo que usted piensa de sí mismo, mientras que el ego es lo que usted aparenta en frente de otros. Estas dos imágenes ¿son las mismas? Esto es sumamente importante porque si su esencia está alineada, TODO acerca de usted adquiere un aura de honestidad mientras represente su persona, internamente y externamente. Mientras más cercanos estén su parte interna (esencia), con su parte externa (lo que usted aparenta en público), más congruente y en balance estará y lo mejor que usted proyectará lo que realmente es.

¿Por qué importa esto? Cuando usted está en balance, el confiar en sí mismo y en otros es automático. Con esta realidad, la energía requerida para mantener una máscara para esconder sus verdaderos sentimientos, y el torcerse en imágenes que usted piensa otros aprueban, se vuelve totalmente innecesario. La energía no se desperdicia sino que es utilizada para lograr el éxito que usted desea.

Cuando desperdiciamos nuestra energía, nos volvemos ineficientes, nos estancamos y actuamos de manera morosa. Es como el manejar un automóvil con un tanque de gas vacío, o como alguien que continuamente ingiere muy pocas calorías. Nos sentimos débiles y no podemos operar a un nivel normal. Lo mismo sucede cuando comemos demasiado o absorbemos demasiado estrés. Nuestra energía es lenta e inestable, continuamente operando a niveles bajos. Para aumentar nuestra inteligencia innata buscamos el operar a nuestro nivel óptimo, un nivel que fomenta el equilibrio en todo lo que quisiéramos hacer.

El actuar sin honestidad hacia uno mismo, sin importar lo que usted escoja aparentar, fomenta MIEDO—el miedo de mostrar quienes somos, miedo de no ser aceptado y miedo de no encajar. Usted permite que las convenciones le dicten quién es. Mientras más tiempo viva usted con la inseguridad de no estar al par con lo que la sociedad o las reglas culturales le dictan, más miedo tendrá de mostrar y ser lo que verdaderamente es. El miedo previene la emergencia de nucstra esencia a la superficie, lo que nos hace caer en la trampa de seguir lo que todos los demás definen por nosotros. Usamos el miedo para esconder nuestras vulnerabilidades – algo que estamos desesperados por ocultar.

Si usted tiene confianza en sí mismo, usted lo proyecta

y otros no tienen otra opción más que aceptarlo. Esto se convierte en una interacción obvia donde decimos, "Esto es lo que soy, lo tomas o lo dejas". Si sus intenciones son honestas, no habrá sospecha o duda de parte de otros, lo que hará imposible el ser afectado por todas las pretensiones superficiales que muchos de nosotros usamos cada vez que estamos en contacto con otros. Debe de haber un balance, y la forma de balancear lo interno con lo externo es el de comunicar y manejar continuamente una imagen honesta, de lo que somos y lo que hacemos. Esto es el principio del proceso de incrementar nuestra inteligencia innata ¡Así que empecemos!

III.

EL CUERPO

Nota: La información siguiente no debe de usarse como substituto de ayuda y/o atención médica. Si usted tiene algún problema serio de salud, busque el consejo de un profesional médico antes de implementar un nuevo régimen.

El incrementar la inteligencia de su cuerpo se refiere al balance, y la sección siguiente es una guía para mejorar su salud física en general, así como un plan para extender su vida. Un plan con sentido común envuelve más que buenos hábitos alimenticios y de ejercicio. Cuando se trata de su cuerpo, su esencia juega un papel importante en determinar elecciones saludables. El transformarse y el ser saludable no es tan simple como suena, ya que no solo se trata de lo que usted come y cuanto ejercicio hace, sino también depende de dónde vive (su medio ambiente), lo que usted hace (su ocupación) y su estado mental.

El aire que respira y el agua que toma hacen una diferencia. En general, los niveles de estrés que usted absorbe, ya sea a través de su medio ambiente o impuesto por usted y sus relaciones, también contribuyen al mantenimiento de la buena salud y el balance. El estrés compromete todo lo que usted hace, incluyendo el cuerpo, y "despierta" sus debilidades físicas. Su compás interno es la mejor guía para determinar el costo/beneficio de las disciplinas que usted podrá integrar y aquellas que no. Sepa que todo lo que usted hace por su cuerpo es una elección que depende nada más de usted.

En lo que esto se refiere, sus decisiones deberán ser apropiadamente informadas. Cuando usted haya tomado pasos básicos para cambiar sus hábitos, la educación debe de continuar en cualquier área que usted piense necesita mejoría-como los problemas específicos de salud–deben ser seguidos. Nunca podremos saber todo lo que se puede saber acerca de cómo cuidar de nuestro cuerpo. Y usted no puede apoyarse solamente en la guía de un doctor o un médico profesional. Cada minuto, de cada día, alguien está descubriendo cosas nuevas e implementando nuevas terapias, de manera que si usted permanece flexible en todo lo que hace, incluyendo su cuerpo y su salud, usted continuamente logrará su balance óptimo.

Como mencioné anteriormente, el éxito resulta cuando los tres elementos están en balance. Estar en balance significa equilibrio y calidad en general. Por lo consiguiente, usted debe seguir opciones y soluciones **razonables** en todo lo que se relaciona a su salud corporal. El término razonable también se refiere a la medida en que usted se esfuerza en establecer cada hábito nuevo. Demasiado de algo siempre creará estrés. Sin duda, la vida le presentará momentos de crisis que pondrán tremendas demandas en su cuerpo. Sin embargo, todo lo que usted haga para lograr y mantener su balance podrá compensar cualquier daño que resulte de esos momentos de tensión. Soluciones radicales o extremas no deben de practicarse cuando se eligen soluciones que cambian su vida, al menos que usted sea una de esas personas que pueden hacer cambios extremos y mantenerlos. Lo mayoría de nosotros, no los podemos hacer.

Discutamos el tópico del Cuerpo desde el principio. Este capítulo habla de cómo mantener su salud, en otras palabras, lo que usted hace para mantener su cuerpo trabajando, a nivel óptimo. Desde un punto de vista científico, la Física Quántica ha hecho descubrimientos extraordinarios que comprueban que el cuerpo humano, incluyendo la estructura mental y emocional (también referida como dimensiones), son un campo de energía, lo que los vincula. Simplemente, esto significa que cada uno tiene el poder de influenciar el otro, y todos están conectados. La medicina relacionada con los niveles de energía considera la salud y la enfermedad como un desequilibrio de fluidos de energía, originándose en las tres áreas del cuerpo. Nuestros cuerpos, incluyendo nuestras mentes y emociones, están hechos de partículas subatómicas innumerables, las cuales no son sólidas. Sin embargo, estas partículas pueden combinarse en conjunto para tomar una forma material, y cuando eso sucede, esto forma nuestro cuerpo físico.

Ninguno de nosotros realmente quiere estar enfermo. Cuando tomamos decisiones responsables, con respecto a nuestra salud, la prevención de las enfermedades siempre debe ser nuestra meta. Primero, esto empieza con un entendimiento de que hay muchos tipos de cuerpos y muchas más diferencias existen entre los sexos; los hombres, por ejemplo, naturalmente cargan menos grasa que las mujeres. Algunos tenemos piernas largas, cinturas cortas o perdemos, o ganamos, peso proporcionalmente, mientras que hay algunos que ganan y pierden peso en ciertas partes de sus cuerpos. Algunos de nosotros, naturalmente, cargamos más musculo que otros, y las distinciones son ilimitadas. Dado que existen tantas diferencias en los tipos de cuerpo, hay muchas formas de mantener el cuerpo sano.

Identifique y entienda su tipo de cuerpo. Cuando usted logre definir su tipo de cuerpo, usted estará mejor preparado para accesar sus reservas de energía y entender cómo se manifiestan las reservas de energía en su sistema. Para poder entender, o conocer su tipo de cuerpo, véase bien en el espejo y no se engañe. Por ejemplo, si tiene caderas amplias, no piense que si usted pierde peso esas caderas desaparecerán. Usted podrá perder peso y algunas pulgadas, pero esas caderas no desaparecerán. Conozca su tipo de cuerpo y ¡ACÉPTELO!

El conflicto de querer ser algo que no somos parece ser la plaga más importante que infecta al americano promedio. Quisiéramos ser lo que la sociedad nos dice es aceptable, entonces, la sociedad nos dice cómo lograr esas metas imposibles a través de una infinidad de dietas. Nos dicen qué y cómo comer, esperando que tengamos el tipo de cuerpo en el que esta dieta está basada. Desde luego, la mayoría de nosotros no lo tiene, y el esfuerzo para moldearnos a todos a un patrón resulta en un engaño de la mercadotecnia. Al igual, la mayoría de estos libros ignoran completamente la salud mental y las actitudes mentales necesarias cuando se emprende un cambio de este tipo. En vez de considerar la buena salud desde un punto de vista integral, caemos victimas de otra tendencia común al buscar soluciones fáciles para resolver nuestros problemas.

Si usted es delgado, corpulento o con el físico de Hércules ¡acéptelo y aprécielo! Pero, tome tiempo para conocer su cuerpo. ¿Tiene usted la forma de pera, con la tendencia de acumular peso en sus caderas o sus muslos? o, ¿tiene una figura que gana peso de forma pareja? ¿Tiende a tener celulitis, flacidez en los costados o un estomago que se proyecta hacia adelante? ¿Camina con ligereza o sus pasos son pesados cuando camina? ¿Tiene intensidad o más bien una personalidad callada? Todas estas características son intercambiables, y el balance para cada uno puede ser radicalmente diferente, por lo cual, una sola lista basada en los tipos de cuerpos—una lista que incluya los distintos niveles de energía y preferencias de alimentos adecuados, a nuestro nivel de energía-no existe. El figurarlo es su responsabilidad. Además de tomar decisiones razonables para nuestra salud física, **tenemos que tomar responsabilidad personal.** El tomar responsabilidad personal significa que no podremos culpar a otros, quejarnos o hacer excusas. Es nuestra responsabilidad el ponerle atención al qué, cuándo y cómo comemos, y el saber que lo que hacemos y los resultados reflejan nuestras propias elecciones.

Además de los múltiples tipos de cuerpos, hay diferentes niveles de energía en la populación en general, y estos niveles de energía expresan realidades diferentes. ¿Alguna vez se ha topado con el tipo de persona que está en movimiento continuamente, siempre listo para actuar, ofreciéndose a hacer todo tipo de tareas, y siempre con el ánimo de hacerlo, y si tiene diez minutos disponibles sugerirá el tomar más tareas para no perder tiempo valioso sin ser productivo? En contraste, hay personas en el lado opuesto del espectro, aquellos que no tienen ninguna preocupación. Por ejemplo, si el trabajo casero no se ha hecho, procrastinan o encuentran "mejores" cosas que hacer. La mayoría de nosotros cae precisamente en medio, hacemos nuestras tareas, pero usualmente no las hacemos a la velocidad de un relámpago.

Además de nuestro tipo de cuerpo, **necesitaremos determinar nuestro tipo de energía.** ¿Cómo lo hacemos? Piense en lo siguiente: En la mañana, ¿está usted listo para empezar su día, alerta y lleno de energía? o, ¿amanece cansado y su mejor hora del día es durante la tarde? ¿Sabe usted en que categoría cae, y respeta usted estos períodos de energía óptima como la mejor hora para ser productivo? Sea lo que usted sea, no trate de competir con aquellos que están en movimiento continuo si usted es del tipo que prefiere mantener un ritmo más gradual durante el día. Si usted elije el ignorar su tipo de energía y trata mantener el ritmo de otros, usted se sentirá continuamente cansado y no podrá lograr mucho. De la misma manera, si su tipo de cuerpo fuera más similar a un modelo de Rubens, no espere verse como Angelina Jolie. Pero, si tratara de desafiar la realidad que es su cuerpo y su tipo de energía, usted creará una tensión física y mental innecesaria y perderá su meta original de permanecer saludable y en forma. Usted se encontrará fuera de balance y no operará óptimamente. Además, ¿quién dijo que el emular a Angelina Jolie, o cualquier otra modelo, es lo mejor? Separe siempre lo que es acondicionamiento y lo que no es. Sea positivo, en lo que respecta su tipo de cuerpo e imagen, y sea realista acerca de su nivel de energía, ya que esto promueve su confianza y optimismo natural.

Nuestra mente y tipo de cuerpo tienen tendencias innatas, y cada evento en nuestra mente es reflejado en nuestro cuerpo y viceversa. Así que imagínese, si usted está crónicamente atrapado en la idea de verse como un modelo – o está deprimido por no tener un físico voluptuoso o musculoso, mientras que su tipo de cuerpo es completamente lo opuesto – usted consumirá energía negativa. Esta energía sería mejor utilizada mejorando las cosas que se pueden mejorar, lo que invariablemente crea energía positiva y confianza natural. ¿Quisiera estar estresado o quisiera sentirse y verse mejor? Sepa que el cuerpo y la mente están inextricablemente unidos, y que ambos se apoyan el uno al otro para mantener balance. Así que no piense que puede engañar su cuerpo para que se convierta en una modelo o en Hércules cuando no puede. Ésta es la razón por la cual las dietas no funcionan–éstas nada más crean resultados temporales que calman nuestros deseos persistentes de lograr éxito instantáneo.

Adicionalmente, entienda que nuestras funciones corporales tienen un propósito, y no son una colección de partes a medias las cuales funcionan por coincidencia. Necesitamos cuidar de estas funciones. Por otro lado, nuestros cuerpos son extremadamente resistentes y pueden tolerar bastante abuso, lo que explica porque podemos escapar desajustes físicos y enfermedades serias, por un largo tiempo. Cautela a todos los que tienen cuarenta años o menos, pensando que son invencibles, y en su arrogancia practicando malos hábitos de salud. ¡Estos le castigarán cuando menos se lo espere!

Considere lo siguiente: ¿Por qué cree que existen pruebas y análisis obligatorios para todos aquellos que tienen más de cuarenta o cincuenta años, como la colonoscopia, el examen del colesterol y la densidad de huesos y otras pruebas para determinar el estado de salud? Estas pruebas están diseñadas para evaluar el daño que usted ya ha sufrido–y sin duda lo tiene. La comunidad médica confía en que, eventualmente, algo aparecerá en los resultados. ¿Cómo piensa usted que se determinó la edad media para efectuar estas pruebas? Ellos están conscientes de que, en general, los cuarentas y cincuentas son las edades en que los problemas físicos crónicos aparecen. Sin embargo, muchos de nosotros no tenemos que esperar hasta los cuarenta o cincuenta. Desafortunadamente, hay muchos estudios estadísticos que citan porcentajes tremendamente altos de obesidad infantil lo que, inevitablemente, traerá consigo problemas del corazón y diabetes a edades más y más tempranas. **No nos morimos de edad avanzada, sino de un fallo en nuestro sistema.** Una inteligencia innata robusta resiste la noción de que la edad determina la enfermedad y, en vez, sugiere que hay medidas preventivas que se pueden tomar para extender su vida. Las decisiones que tomamos para tener una vida más saludable no deben ser pospuestas, sino que deben de ser una prioridad que determinará la calidad de nuestra salud, a través de nuestras vidas.

De acuerdo al CDC (página electrónica referente a la prevención de enfermedades crónicas y promoción de la salud de El Centro de Control y Prevención de Enfermedades), las enfermedades crónicas como el cáncer, males del corazón y la diabetes son las causas principales de incapacidad y muerte en los Estados Unidos. Muchos expertos están de acuerdo que estas enfermedades crónicas podrían ser evitadas al integrar estilos de vida más saludables. Esta es la meta para aumentar la inteligencia innata.

Investiguemos, más profundamente, las explicaciones científicas de como un estilo de vida más saludable puede prevenir las enfermedades crónicas. Más atrás, cuando tomamos la clase de biología, aprendimos que cada célula en nuestro cuerpo pasa por un proceso de mitosis. Este proceso describe como una célula se divide perfectamente, una y otra y otra vez. Así es como vivimos y crecemos. Entonces, es razonable pensar que, si nuestras células no funcionan apropiadamente, ya sea por mala salud resultando de nuestras malas elecciones o por la inhabilidad de reducir nuestro estrés, algunas células no se dividirán adecuadamente. Cáncer es uno de los riesgos que resulta cuando nuestras células no funcionan apropiadamente y empiezan a mutar.

¿Se acuerda usted del Litmus test que aprendió en la clase de química? Esta prueba consistía en pequeñas tiras rectangulares de papel que eran usadas para determinar si nuestros niveles de PH eran más ácidos o more alcalinos. ¿Por qué es importante esto? La composición química de nuestro cuerpo también requiere niveles de PH específicos, y el tipo de alimentos que comemos y los niveles de estrés que toleramos modifican esos niveles de PH, resultando en niveles saludables o no. Niveles prolongados de pH, fuera de lo aceptable, causan enfermedades crónicas. El problema es que, la mayoría de nosotros, no le prestamos atención a los niveles de PH. Para cuando nuestro nivel de PH está peligrosamente fuera de balance una enfermedad ya ha ocurrido. También, aceptamos la enfermedad que nos aflige, obtenemos medicación y hacemos poco para cambiar nuestros hábitos. ¿Por qué? Porque es más fácil tomar medicinas para callar los síntomas, que el tomar responsabilidad por nuestra salud. **Un plan holístico es necesario para mantener nuestro balance y contrarrestar el riesgo a las enfermedades crónicas.** No nos ayuda que, en general, nuestra sociedad nos motiva a pensar de una forma simplista, la idea que cada síntoma y enfermedad puede ser aliviada por una medicina apropiada. Así que, en vez de tan solo aliviar los síntomas, deberíamos de enfocarnos en descubrir el origen de nuestro problema o enfermedad.

LOS NIVELES DE ENERGÍA

Tome su tiempo para entender lo que trabaja mejor para usted. Por ejemplo, el desayunar puede que no sea necesario para usted, comparado con alguien muy activo o que se levante más temprano que usted. Puede que usted no sea el tipo de persona que se despierta muy alerta y, en vez, esta somnoliento y lento. **No todos digerimos lo que comemos de la misma manera, y no todos los alimentos reaccionan en el cuerpo de la misma forma.** Por ejemplo, los almidones son convertidos en azúcar, pero el nivel de actividad de la persona determina como se acumula o se utiliza. Si usted no es muy activo, pero come muchos almidones (papas, pasta, pan), particularmente en la noche, estos almidones serán acumulados en vez de ser utilizados y usted subirá de peso. También algunos necesitan más proteína en su dieta, mientras otros necesitan más carbohidratos. ¿Puede usted reconocer que tipo es usted? ¿Alguna vez se ha fijado cuando, en particular, sus niveles de energía decaen? Y ¿sabía usted que su consumo de diferentes grupos de alimentos varía, dependiendo de su edad y de su nivel de actividad? Para que usted pueda elegir lo que es apropiado para *usted*, **empiece por practicar el arte de ponerle atención a su cuerpo y a sus niveles de energía.** Nadie más que usted puede hacer esa determinación.

Pregúntese: ¿Cómo me siento inmediatamente después de comer cualquier alimento? y ¿siento síntomas de incomodidad, o fatiga? Si es así, ¿los ignoro o tomo una píldora y continúo comiendo lo que mi cuerpo me dice no es bueno para mí? Éste es el momento en que usted empezará a descubrir los alimentos correctos para usted. Éste también es el momento en que usted empezará a confiar en su cuerpo.

Pregúntese: Si descubriera que tengo reacciones alérgicas a la comida, como la intolerancia a la lactosa, ¿dejaría de comer productos derivados de la leche, pero aún consumiría sodas de dieta y comida rápida llena de químicos que causan cáncer o grasas hidrogenadas que causan riesgos considerables a la salud? ¿Respeto un aspecto de mi salud mientras consumo otros alimentos que son verdaderamente mucho peores, en el término largo?

Pregúntese: Cuando subo de peso ¿qué alimentos

fueron responsables? Sea responsable y figure que fué lo que se lo causó.

¿Alguna vez ha notado el tipo de gente que se pasa las horas en el gimnasio, frenéticamente tratando de competir con un cuerpo que simplemente no tienen? ¿Conoce usted a gente quiénes siempre están siguiendo la dieta del momento, y quiénes suben y bajan de peso vertiginosamente? ¿Está usted consiente que estas personas han desarrollado tendencias compulsivas y neuróticas, están imponiendo estrés en sus órganos y, más adelante, pudieran desarrollar problemas de salud nada más por querer seguir algo que, sin duda, fallará? Como todos nosotros, usted puede haya caído en esa trampa inadvertida de convertir su salud en una obsesión. Piénselo. ¿Qué es lo usted hace cuando ha hecho ejercicio estrenuo por, digamos, media hora y un ligamento empieza a dolerle? ¿Continúa porque está determinado (en el libro que usted leyó así se lo dice) a que su rutina DEBE de durar una hora o no servirá de nada? O, ¿usted para y deja de empujar su cartílago hasta el borde de dañarlo? Sin intención, esto es lo que les sucede a algunos atletas. En el espíritu de competencia, ellos empujan y estresan sus habilidades, más allá de los límites normales, para ganar. Inevitablemente, estos atletas enfrentan cirugías y el colapso físico antes de su tiempo. El ganar puede ser la única meta que los hace sentir vivos y contentos, pero la mayoría de nosotros simplemente no cae en esta categoría. Entienda que demasiado ejercicio también puede ser perjudicial. Todos tenemos un barómetro que nos dice exactamente lo que necesitamos pero, a menos que practiquemos buenos hábitos, este barómetro no funcionará.

Si todos tuviéramos tiempo de leer y educarnos en todos los aspectos de la salud, el ejercicio y los alimentos dos cosas nos serían claras. Primero, usted notaría que hay muchas formas de mantener el cuerpo saludable. Segundo, si usted buscara resultados positivos, usted tendría que cambiar sus hábitos permanentemente. El sentido común nos dice que nada más usted puede determinar si un desayuno pequeño o grande tiene sentido, o si jugo fresco o el salmón es lo mejor para usted. También, el tipo de ejercicio que usted escoja practicar, ya sea vigoroso o más lento, diario o unos días a la semana, será su decisión. Muchos expertos tienen opiniones acerca del ejercicio y qué y cuanto comer. Para evaluar que tan efectivos son todos estos consejos, mire a su alrededor. ¿Alguna vez en su vida ha visto tanta gente sufriendo de exceso de peso? Dado los muchos expertos que mantienen saber la mejor forma de obtener una salud óptima, y el hecho de que vivimos en una época donde la información es abundante, ¿por qué estamos más y más enfermos? Siempre pregunte que es acondicionamiento- y que es lo mejor para usted.

Seamos claros. Necesitamos continuar educándonos acerca de nuestro cuerpo, y debemos de evaluar muchas de las fuentes de información acerca de la nutrición, ejercicio y salud. Además, debemos de tratar de leer todo lo que podamos acerca de estos tópicos. Sin embargo, muchos de nosotros, si no la mayoría, estamos agobiados y confundidos con todas las opciones. No existe un libro que tenga todas las soluciones, por lo que usted necesita respetar lo que su cuerpo le dice. Además, no tenemos tiempo para investigar todo lo que es bueno para nosotros. Esto es parte del reto. La conclusión es que el mantenerse saludable es un cometido de por vida. Eso necesitamos repetirlo. **El mantenerse saludable es un cometido de por vida.**

El aprender y saber cómo cuidar de su cuerpo no se puede lograr en unos cuantos meses, como algunos le quisieran hacer creer. Este es un proceso que consiste en aumentar, borrar y cambiar nuestras costumbres en el transcurso de nuestras vidas. Usted no puede descubrir, de un día para otro, cuáles son los mejores alimentos para usted. Hay demasiadas opciones. Tampoco podrá descubrir el tipo de ejercicio más eficiente nada más leyendo un libro, o siguiendo la última moda. Es por eso que existen cientos de libros y cientos de regímenes de ejercicios y máquinas para mostrarle como estar saludable. Lea todos los libros y experimente todo lo que le sea posible, y entonces escoja lo que sea lo mejor para usted. Con el tiempo, usted empezará a notar que hay consejos que tienden a repetirse porque son particularmente útiles para usted. Experimente y vea si conforma con usted. Si no es así ¡déjelo! Tome su tiempo en el principio de cada régimen, y no se presione con expectativas exageradas. Cualquier meta que vale la pena no se logra de la noche a la mañana, así que además de practicar el arte de enfocarse en su cuerpo y en sus niveles de energía, **practique el arte de la paciencia** cuando se trate de su salud.

El comer y hacer ejercicio son necesarios para lograr balance y nunca es tarde para empezar. Cada una de las disciplinas que usted integre despertará lentamente, pero indiscutiblemente, un barómetro que le indicará lo que es adecuado para usted. No se sobrecargue al tratar de hacerlo todo al mismo tiempo. La moderación es lo mejor en estos casos, pero recuerde que la balanza es diferente en cada uno de nosotros. Puede ser que todo lo que usted necesite para recargar, y mantener niveles positivos de energía, sea ejercicio mínimo. Mientras que el aumentar su rutina otros quince minutos, porque usted está tratando de perder cinco libras, le causará una baja a su nivel de energía ideal. Su cuerpo siempre responderá positivamente cuando usted encuentre los alimentos y el ejercicio óptimos para usted. Ponga atención a los síntomas físicos y haga lo que sea mejor para usted. **Confíe en las señales que le envía su cuerpo.**

Moderación, al comer y hacer ejercicio, es la mejor forma de descubrir lo que tiene sentido y lo que no tiene sentido para usted. Conozca su cuerpo y hágalo su mejor amigo, asegurándose que todo lo que usted hace por él refleja el respeto y cuidado que éste se merece y no el resultado de una meta desesperada de perfección que, en el mundo real, no sería más nada que una euforia temporal y garantizada a fallar. Usted puede que diga "Bueno estoy más feliz cuando estoy súper delgado" o, "Necesito adquirir músculo para que las mujeres se fijen en mí". Bien-adelante. Pero ¿por cuánto tiempo puede usted mantener esa realidad falsa? ¿Cree usted que esas imágenes insípidas lo alimentarán o contribuirán positivamente a sus años dorados?, o ¿está usted planeando en de repente desplomarse antes que ver una arruga en su cara? Cuando se trata de nuestro cuerpo, todos debemos de pensar un poco más hacia el futuro ya que los expertos están proyectando términos de vida que se extienden hasta los ciento veinte años, siempre y cuando cuidemos de nuestra salud. Otros han proyectado un incremento en nuestro término de vida hasta los ¡ciento cincuenta años! ¿Verá usted el término largo cuando se trata de tomar decisiones acerca de su cuerpo? ¿Promoverá usted la calidad y balance suficiente para mantener buena salud en su vejez?

Si usted baja de peso a un nivel que no es saludable para su tipo de cuerpo, al paso del tiempo, cambios imperceptibles ocurrirán internamente. ¿Qué peso se considera malo para su salud? Es un peso que usted no puede mantener sin sentirse incómodo y fatigado, o sin convertirse en esclavo de dietas y sus restricciones. Es un peso que usted impone en sí mismo al adoptar patrones de comer erráticos, el brincar comidas y otras inconsistencias. El comer erráticamente e inconsistentemente estresa el cuerpo y sus órganos–causando inflamación, enfermedades y males. Aunque por fuera se vea más delgado, el daño que usted está causando será interno y no aparente, por lo que esconderá la insidiosa naturaleza a consecuencia de su pérdida de peso. Acuérdese que, algún día, la elección extrema de ser súper delgado o verse como Hércules, impondrá un precio a su cuerpo y puede que, un día, usted se encuentre con una enfermedad debilitante. Todos estamos terriblemente consientes de las enfermedades relacionadas con el comer, como la anorexia y la bulimia, y en lo que se refiere a aquellos que alzan pesas, el uso de esteroides. Nada de esto tiene resultados positivos, y si investigamos más profundamente los problemas relacionados con nuestra "imagen", esta nos apuntaría fuertemente hacia los conceptos pobres de nosotros mismos, que realmente se originan en problemas mentales.

Entonces, debemos de reflexionar: Mientras estamos jóvenes y carecemos visión, ¿debería nuestra imagen ser tan importante que más adelante nos transformará en gente inservible, con dolores y males, o nos causará una muerte prematura? o, ¿es usted una de esas personas que piensan que esto no le puede pasar a usted? Bien. Dese cuenta que el pensar de esta forma es también su elección. Pero usted también puede elegir el ser menos extremo y realmente interesado en mejorar su cuerpo y su salud, por el resto de su vida.

La inteligencia de su cuerpo se incrementa al seguir tres disciplinas simples y al practicar cinco pasos básicos para buena salud alimenticia. Ya sea que usted este eligiendo que comer, o como hacer ejercicio, el sentido común requiere lo siguiente:

1. Practique moderación.
2. Póngale atención a su tipo de cuerpo y a su nivel de energía, y haga cambios de por vida donde sea apropiado.
3. Sea realista, practique la paciencia y elimine la presión de esperar resultados instantáneos.

Lo que Debemos de Comer

Usted lo ha escuchado cientos de veces anteriormente. Siga una dieta baja en grasas y densa en nutrientes. Coma vegetales de hojas verdes, frutas, menos azúcar y menos grasa. Tome té verde y otros tés exóticos del Oriente que contengan antioxidantes y tengan propiedades curativas, y en algunos casos, sean bebidas anticancerosas. Reduzca su consumo de carnes rojas y escoja comer pescado y aves de corral. Coma súper alimentos (hay demasiados para listar, pero estos alimentos son densos en nutrición), y trate de comer alimentos crudos. Los alimentos crudos retienen los más altos niveles de nutrientes y enzimas. Pero si usted come alimentos crudos, asegúrese que sean orgánicos ¡siempre! Elimine el fumar y reduzca su consumo de alcohol, sodas y cafeína. Si insiste en usarlos, asegúrese de tomar antioxidantes. El beber alcohol, fumar y el estrés, agotan sus reservas de antioxidantes, dejándolo vacío y fuera de balance y a riesgo de enfermedades. Sepa que el respirar el humo de otros puede ser tan dañino como el ser fumador. Evite la comida rápida y los alimentos procesados, (todas las calorías vacías y con bajo valor nutricional), endulzantes artificiales y las grasas trans.

Considere el tomar suplementos, particularmente probióticos (este tópico se discutirá en la sección de Los Suplementos en la página 80). Cambie de sal yodada a sal de mar, la cual está sin procesar. Tome agua filtrada o purificada, preferiblemente a temperatura ambiente, y por lo menos sesenta y cuatro onzas al día. Tés, jugos de fruta, leche y otras bebidas, no deben ser utilizadas como sustitutos de agua. El agua elimina las toxinas naturalmente, y a temperatura alrededor del medio ambiente, tiende a ser más fácil en la digestión, una función corporal que debe de ser respetada y la cual será discutida en breve.

Ok, esos dos párrafos estuvieron llenos de información, pero esto es lo conclusivo en lo que respecta a la buena salud. Añada, o elimine, cualquier sugerencia de acuerdo a sus necesidades. A la vez, adquiera cualquier libro o libros que le guíen acerca de lo que debe de comer. Usted no tiene que seguir todo lo que escuche o lea. Elija alimentos que usted considere puede mantener en una dieta saludable. Al mismo tiempo, considere el comer de acuerdo a su tipo de sangre. El libro *"Eat Right 4 Your Blood Type: The Individualized Diet Solution to Staying Healthy, Living Longer & Achieving Your Ideal"* por Peter J. DAdamo y Catherine Whitney, revela que comidas son mejores para su sistema y son consistentes con su tipo de sangre. Dependiendo de su tipo de sangre, ciertos alimentos se metabolizan mejor que otros. Algunos de nosotros naturalmente preferimos comer carne, mientras otros deben de convertirse en vegetarianos.

Cuando se trata de comer para su salud, considere tomar un paso a la vez. Por ejemplo, trate de consumir menos grasas animales y sustitúyalas gradualmente con grasas saludables, como las grasas insaturadas halladas en el aceite de oliva y en varios tipos de nueces. Y eso es todo. Hágalo hasta que usted haya logrado un cambio de insumo de grasas y ya no sea un esfuerzo. Entonces, tome otro paso, como el incrementar el insumo de frutas y vegetales en su dieta. Aumente o reduzca tantos tipos de alimentos como usted guste, pero no exagere. Demasiados cambios generalmente lo harán sentirse abrumado. Al principio, será difícil porque se tendrá que enfocar en lo que está comiendo, por lo cual es mejor si usted no hace demasiado muy rápido. Su meta es el integrar los alimentos y la disciplina que usted esté listo a seguir, por el resto de su vida. Cuando se trata de su cometido, no hay espacio para ambigüedad. Tan pronto usted baje su guardia, haciendo excepciones ocasionales, su esfuerzo desaparecerá en el corto plazo.

Si usted no puede comprometerse a seguir estos cambios de por vida ¡ni siquiera lo intente! Los triunfos temporales nada más lo desalentarán y le causarán depresión, cuando usted falle, y los lapsos entre sus éxitos y sus fallos gradualmente se extenderán. Usted se sentirá peor que cuando empezó. Sin embargo, no se castigue si algunas veces usted cae en esto. Recuerde que usted siempre tiene otra oportunidad. Es por esto que es importante el integrar disciplinas gradualmente. Los éxitos pequeños son mejores que ninguno. Al paso del tiempo, sus elecciones saludables serán naturales, en vez de ser un esfuerzo enorme y una tarea.

En el espíritu del éxito, debemos de apreciar a aquellos que pueden admitir que ellos no pueden mantener los mejores hábitos de salud, o que no quieren. El resultado del poder escoger, uno o lo otro, por lo menos los deja en un mejor estado mental. En lo que respecta a nuestra meta, nada más tenemos dos opciones, saludable o no. Usted está eligiendo el uno o lo otro-no deberíamos negociar con nosotros mismos cuando se trata de mantener nuestra salud. Trate su dieta como si estuviera en la escuela. Empezamos en el kínder y no esperamos poder tomar cálculo antes de aprender lo más básico, como la adición y la sustracción. Tómelo paso a paso y si tiene que repetir un grado, hágalo.

Hay un sentido común en lo que se refiere al comer saludablemente. No se obligue a comer nada que no le guste, pero sí trate de comer alimentos nuevos y saludables. También, usted tendrá que cambiar sus hábitos de comer–todo, incluyendo la cantidad que come y cuando come. Analicemos la primera. Si no le gusta algo que es saludable, no lo coma. Encuentre una alternativa, si existe. Digamos que usted detesta la col verde risada, la cual es probablemente una de las hojas verdes más saludables para nuestra dieta. Sin embargo, usted no está sentenciado a no lograr mejor salud. Simplemente no la coma y elija algo diferente. Puede que no le gusten los alimentos derivados de la soya. Ningún alimento es requerido, siempre y cuando escoja lo que es saludable. Es muy probable que usted este muy ocupado. Si es así, ignore ese alimento en particular y dirija su esfuerzo en otra dirección. El invertir demasiado tiempo decidiendo entre alimentos lo distrae del propósito básico de mantenerse saludable. No necesitamos más razones para darnos por vencidos. Empiece a introducir alimentos nutritivos y restar los que no lo son, gradualmente–lo que lo ayudará a no sentirse agobiado. ¿Cuánto comer de ese alimento saludable? Coma hasta sentirse satisfecho; más que eso comprometerá su digestión.

¿Cuándo se debe comer? Nada más usted sabe las mejores horas. Primero, coma cuando tenga hambre. No posponga una comida porque piense que no es hora de comer. Por ejemplo, son las 11:30 AM y usted planeó almorzar a la una. Aunque hambriento, usted pospone su almuerzo hasta la una en punto. Lo único que usted logra, particularmente cuando está empezando a integrar mejores hábitos de comer, es tener un apetito insaciable que le causará el comer en exceso, consecuentemente comerá más de lo que usted originalmente planeó. Al igual, usted probablemente come muy rápido, lo que invita la mala digestión. El autocontrol es mucho más difícil de imponer a los animales hambrientos, en lo que nos convertimos cuando estamos cambiando nuestros hábitos dietéticos. Nos sentimos desposeídos y rápidamente compensamos comiendo porciones más grandes. Considere hacer la cena la comida más ligera del día. La noche es el momento en que todas nuestras actividades se desaceleran. Por lo consiguiente, las calorías de la cena no son utilizadas y, eventualmente, serán almacenadas por el cuerpo como grasa. Adicionalmente, es buena idea el limitar el comer postres antes de las 3 PM, ya que esas calorías se podrán utilizar antes de irse a la cama.

Cambiando sus Hábitos Alimenticios

Éste no es un libro sobre dietas y, por lo consiguiente, no recomendaremos comidas específicas. Sin embargo, haremos sugerencias que contribuirán a vivir sanamente al aumentar calidad y mantener el balance. Usted debe de tomar decisiones inteligentes y, a la vez, determinar un costo/beneficio razonable a todo lo que usted hace. En otras palabras, si usted elije el comer postre, sepa que el placer de esta elección le costará, posiblemente en la forma de más ejercicio o el subir una libra más de peso. Así que si usted es una persona ocupada tratando de bajar de peso, y apenas tiene tiempo para terminar todo su trabajo, no coma el postre porque usted no tendrá tiempo para ¡hacer ejercicio!

LA DIGESTIÓN

Es necesario estar pendientes de nuestra digestión ya

esta es parte integral en nuestra habilidad de permanecer saludables. En términos simples, la digestión se refiere al proceso de cómo metabolizamos lo que comemos y el aire que respiramos. El aire y los alimentos se dividen en moléculas que se convierten en energía. Por consecuencia, la calidad de aire que respira y los alimentos que come contribuyen a qué tan bien y eficientemente se dividen estas moléculas- esta energía es usada o almacenada. Si la digestión no se concluye, esto limita su habilidad de aprovechar y usar esta energía óptimamente. Entonces, tiene sentido que nuestro cuerpo podría funcionar por debajo de su nivel óptimo, empezar a compensar y gastar su eficiencia en general. Esto es a lo que nos referimos cuando hablamos de la buena digestión. La digestión es muy importante porque, cuando la energía no es suficiente o se gasta, nos descomponemos y no trabajamos. Ultimadamente, esto es similar a la muerte prematura, pero no antes de que contraigamos tantos males y enfermedades que existimos en un infierno en vida. Que tan bien digerimos, también está conectado con el funcionamiento de nuestro sistema inmunológico. Sepa que el setenta por ciento (70%) de nuestro sistema inmune está asociado con el colon. (Refiérase a los Probióticos en la página 83).

Alimentos inadecuados y falta de ejercicio contribuyen a una digestión incompleta, lo que promueve los desequilibrios. Cuando estamos fuera de balance, en vez de sentirnos llenos de energía, nos sentimos desgastados y sin energía. Los alimentos procesados y rápidos nos frenan- pues son difíciles de digerir.

Mientras más frescos sean nuestros alimentos y menos procesados, más fácil será su digestión. En los Estados Unidos, un gran número de gente sufre de indigestión, lo cual refleja, al menos en parte, las comidas a la carrera justificadas por nuestras vidas apresuradas. Piénselo bien. Si usted en realidad está tan apurado, entonces usted particularmente necesita pensar en lo que está comiendo. Malestares resultan de alimentos bajos en nutrición, y esa falta de energía y ánimo la lleva a la oficina, donde usted necesita operar óptimamente. Aconsejamos el comer despacio y en paz, respetando la enorme tarea que su cuerpo está implementando. Trate de hacer el almuerzo su comida principal. Este es un consejo que la sabiduría antigua nos decía ayuda a quemar lo que hemos comido durante del día. Y, si tiene que comer postre, almuerzo es la mejor hora. El peso del arrepentimiento y las calorías se extinguirán al final del día.

No se empache regularmente, como mucha gente lo hace en el "Día de Gracias" (Thanksgiving) o en cualquier otra celebración. El comer más allá del punto de satisfacción también afecta nuestra buena digestión. Los alimentos, aunque sean saludables, pueden crear balance o no, dependiendo en su tipo de cuerpo. Es por esto que usted debe respetar lo que su cuerpo le dice. Si algún alimento le causa malestar estomacal, lo hace sentir cansado o enfermo, le da dolor de estómago o demasiado gas– ¡no lo coma! No hay más que debatir. Por más que muchos de nosotros adoremos el sabor de las cebollas o el ajo, y reconozcamos sus beneficios hacia la salud, si tenemos significante incomodidad intestinal, debemos de reducir lo que comemos de ellos o eliminarlos. Si la comida condimentada le asienta, coma toda la que quiera. ¿Porque hacer que su cuerpo aguante dolores resultando de problemas bien documentados como el reflujo ácido, las úlceras y otros males relacionados con el sistema intestinal? Esto también se aplica a aquellos alimentos considerados saludables, pero no para usted. ¡No los coma! Felizmente muchos vivimos en lugares donde es posible conseguir una gran abundancia y variedad de alimentos. Así que cuando algún alimento le irrita o le causa molestias, de cualquier índole, no se preocupe por las reglas – confíe en sus señales internas para mostrarle el camino.

Trate de mantener un horario fijo de comidas. Esto programa su cuerpo a comprometer y aguardar el mismo tiempo para digerir y recargar–él respeta el proceso. Conozca sus ciclos de energía. ¿Tiene usted más energía temprano en la mañana o más tarde en el día? Determine sus horas de comer, dependiendo en lo que su cuerpo le dice son las mejores horas para cargar energía. Pero, sea consistente. Tenga presente que si usted está comiendo alimentos no orgánicos y a la carrera, haciendo ejercicio en la noche, y no está teniendo las suficientes horas de descanso durante la noche, la mala digestión contrarrestará todo lo positivo que usted haga. Si usted cambia una cosa cambie esto: **Mejor digestión = mejor energía.** Animado versus lento-usted decide.

Hay cinco pasos para mejorar su salud marcadamente:

1. Coma tan fresco como le sea posible.
2. Tome suplementos.
3. Tome agua y ¡mucha!
4. Duerma lo suficiente.
5. Haga ejercicio moderado.

Si hace algo primero, empiece por comer alimentos tan frescos como le sea posible. Hay alimentos que no son procesados o poco procesados. Eso significa que esos alimentos son mínimamente transformados antes de que usted los compre. Por ejemplo, si usted compra un vegetal, cómprelo fresco, no empacado y ya cocido, o con aditivos o preservativos. Si usted compra helado, asegúrese de entender TODOS sus ingredientes. Simplemente, trate de comer alimentos que le gusten, pero que no sean procesados. Recuerde, el cocinar es un proceso, y pocos pueden eliminar el cocinar y comer nada más alimentos crudos. Pero si usted puede comer algunos alimentos crudos, como frutas y vegetales, ésta es una manera fabulosa de comer saludablemente. Al comer alimentos crudos, usted absorberá la cantidad más alta de nutrientes naturales. Si usted no puede evitar los postres, asegúrese de que sean naturales y sin procesar—como aquellos que se consiguen en una panadería. Evite los pasteles procesados, galletas y las barritas de dulce – lo que nos lleva al siguiente paso en nuestra meta de asegurar una mejor salud.

El comer alimentos frescos automáticamente elimina

todos los aceites parcialmente hidrogenados y los endulzantes artificiales. Éstos causan cáncer cuando nuestro cuerpo los procesa. Aceites parcialmente hidrogenados se hallan en muchos productos horneados, galletas, frituras y caramelos. Sepa que la razón por la cual estos aceites y endulzantes existen es porque son más baratos para manufacturar, y tienen un sabor engañosamente adictivo que nos atrae a consumirlos. Otra razón por la que son dañinos para su salud es que nuestros cuerpos no reconocen nada artificial. Nuestro sistema inmediatamente rechaza lo que no es orgánico, y empieza a compensar para poder metabolizar estos ingredientes. Con el tiempo, estos ingredientes sobrecargan nuestro sistema de forma que empezamos a tener problemas crónicos. Esto lo cubriremos en más detalle en la sección de toxinas. Sin embargo, es importante el mencionar que, finalmente, el Departamento de Alimentos y Drogas de los Estados Unidos (FDA) ha tomado un paso hacia la prohibición de las grasas trans. En Noviembre de 2013, la agencia anunció sus resultados preliminares encontrando que todos los aceites parcialmente hidrogenados (PHOs) - grasas trans - no son "generalmente reconocidos" como sanos o seguros para usar en nuestra dieta.

Si usted quiere comer pan y dulces vaya a una panadería y pregunte si usan estos aceites insalubres. En general estos no son usados, pero aún necesita preguntar. En lo que respecta los dulces y los chocolates, cómprelos en mercados especializados u/y orgánicos donde se vendan marcas americanas o europeas las cuáles, generalmente, evitan el uso de estos ingredientes peligrosos. En particular, póngale atención a los endulzantes artificiales- esos sobrecitos de color rosado, azul o amarillo que se encuentran en el tazón junto el azúcar, o son añadidos a los refrescos de dieta y otros alimentos de dieta. Hay mucha información acerca del aspartame y otros endulzantes artificiales y sus efectos dañinos en el cuerpo. Recomendamos que usted investigue más antes de usarlos.

Lo mejor es siempre evitar el azúcar pero, para la mayoría de nosotros, esto no es una meta realista. Siempre escoja dulces con ingredientes naturales, incluyendo el azúcar (sin refinar es mejor, pero de cualquier forma, asegúrese que sea azúcar de caña), por encima de cualquier combinación química que contenga sustitutos, aditivos, colorantes y preservativos. Si usted tiene que comer dulces, asegúrese que pueda entender los ingredientes. Hoy en día hay muchas opciones, pero **usted debe de acostumbrarse a leer todas las etiquetas** y preguntar cuando las etiquetas no existan. Si usted come alimentos frescos, el comer comida rápida o procesada no será una opción.

Puede que esto sea drástico o difícil, pero es un hábito como cualquier otro. Sepa que su cuerpo posee un medidor sutil que le dice que es lo que quiere comer. Sin embargo, si usted ha estado acostumbrado a comer mal este instrumento está un poco oxidado y puede no funcione bien. Si es así, ahora usted cree que la comida rápida, el azúcar y la sal son las únicas cosas que valen la pena comer. Usted debe tener paciencia venciendo estos patrones adictivos. Como mencionamos previamente, pruebe una cosa a la vez. Sin embargo, sí es importante subrayar la necesidad de eliminar los alimentos rápidos y procesados porque los preservativos, aditivos y los aceites parcialmente hidrogenados, que éstos contienen, alteran su química natural. Además de llenarnos con químicos y calorías vacías, estaremos exponiéndonos a condiciones crónicas y enfermedades. No podemos lograr buena salud, o sentirnos bien y estar llenos de energía, consumiendo alimentos que no son realmente orgánicos.

No hay prisa cuando se trata de tener sentido común. Si usted empieza a consumir alimentos más frescos y saludables, usted todavía puede comer lo que acostumbra– por ejemplo, una hamburguesa y papas fritas. Nada más procure que esta sea una hamburguesa sin hormonas o antibióticos, y papas fritas cocinadas en aceite no hidrogenado. Claro, si usted quiere bajar de peso, no lo logrará si usted no le pone atención a la cantidad de grasa que come. Piénselo bien. El comer alimentos frescos será mejor para su digestión, por la calidad natural y orgánica de la comida fresca. El resultado final será la distribución óptima de todos esos nutrientes a los lugares donde su cuerpo los necesita, lo que mejorará su nivel de energía. Inclusive, puede que usted baje de peso ya que todo se metaboliza como debe de ser. Las vitaminas, minerales y enzimas disminuyen con cada nivel de procesamiento, así que póngale atención a todos esos paquetes procesados, como las cenas congeladas listas para servir, las cuales dicen son saludables, pero más bien son calorías vacías.

Alguna vez se ha preguntado ¿cómo es que los aditivos y químicos se consideran seguros para la digestión y nuestra salud? No lo son. Los aditivos y los químicos han sido inteligentemente insertados, alegando que se usan en cantidades tan insignificantes que no son dañinos. ¿Cómo llegamos a este punto? Y, ¿por qué no hay más gente poniéndole atención a las estadísticas que citan los peligros de los preservativos, los endulzantes artificiales y las grasas trans? Desgraciadamente nosotros, los consumidores, somos los responsables. Es cierto que esto empezó con la intención de abaratar la producción de alimentos y alargar su caducidad pero, mayormente, los productores responden a la gran demanda del consumidor Americano por alimentos "rápidos y fáciles'. Al parecer, estamos más interesados en satisfacer las presiones de tiempo en nuestro día apresurado, que en nuestra salud. De esto se deduce que nuestra prioridad equivocada por lo rápido y fácil, junto con imágenes inalcanzables que la sociedad ha presentado como aceptables, tuercen nuestra responsabilidad en el sentido opuesto a nuestra salud.

Todos estamos supuestos a ser súper-delgados, súper-rápidos y súper-ricos. Como resultado, en vez de adoptar un enfoque sano para estar saludables, manteniendo un peso adecuado, y subrayando el cuidado preventivo desde la niñez, hemos sido programados para creer que debemos de perder ese peso excesivo lo más pronto posible, transformarnos en lo que no somos, tomar drogas para esconder los síntomas de lo que hemos escogido y llenarnos de químicos para lograr lo que no se puede lograr. ¿Tiene algún sentido este proceso agotador? Y si el nivel de vitaminas, minerales y enzimas se reduce con cada nivel de procesamiento ¿no tendría sentido el concluir que esa comida pre-empacada no tiene ningún beneficio y, de hecho, es mala para su salud? Repetimos, todo esto es su elección, pero mientras más cosas dañinas elimine usted de su dieta, más se ayudará cuando las enfermedades se presentan. Cuando usted está básicamente saludable su cuerpo estará en mejor condición para enfrentarse a las enfermedades. **El hecho de que usted pueda sobrevivir comiendo calorías vacías, y tomando drogas para suprimir los síntomas que inevitablemente le traerán enfermedades más serias, no debería ser aceptable.**

Para empezar, coma lo que está acostumbrado a comer, pero cómalo tan fresco como sea posible. Esto automáticamente eliminará muchas de las cosas que son malas para usted. ¿No sería mejor comer pasteles con los mejores ingredientes en vez de una cena congelada llena de aditivos y preservativos? Vea que esto no significa que sus únicas elecciones son los pasteles. Lo que significa es que usted podrá escoger el no comer químicos, o preservativos o grasas en ninguna cantidad– punto. Podemos perder los kilos extras caminando pero, ¿podemos revertir el daño causado por los químicos que eventualmente alterarán nuestro DNA?

Para aclarar nuestra meta: Empiece a ponerle atención a su tipo de cuerpo y a sus niveles de energía, y empiece a comer alimentos frescos. Cuando usted haya decidido comer lo más fresco posible empiece a experimentar el comer alimentos nuevos, y evite cualquiera que le cause reacciones adversas.

LOS SUPLEMENTOS

Considere lo siguiente cuando esté evaluando el uso de los suplementos. Nuestro medio ambiente no es lo que era. Que tan contaminado está nuestro medio ambiente, incluyendo el aire que respira y el agua que toma, dependerá de donde viva. Como elegimos lo que comemos determinará cuanta nutrición estamos actualmente consumiendo. Aun comiendo productos saludables y orgánicos habrá ocasiones cuando toxinas no obvias, como los GMOs (organismos genéticamente modificados), antibióticos u hormonas pueden estar presentes en nuestros alimentos. Nuestro estilo de vida, trabajo y nuestra vida diaria determinará cuanto estrés estamos absorbiendo. Todos estos retos modernos nos causan una deficiencia nutricional. La razón por la cual todos necesitamos considerar el tomar suplementos es porque esos contaminantes, toxinas y los niveles de estrés agotan las reservas de nuestro sistema. En otras palabras, no tenemos lo suficiente para satisfacer nuestras demandas diarias, y mucho menos para combatir esos contaminantes, toxinas y estrés. Esto nos deja con una escasez crónica de nutrientes, por lo cual operamos en "déficit". Mientras más tiempo continuemos operando en "déficit", más susceptibles estaremos a las enfermedades e infecciones.

¿Qué suplementos debemos de tomar? Sin duda nuestra primera elección debe ser un probiótico. (Para aquellos que sufren de problemas digestivos crónicos, considere el tomar enzimas digestivas además de probióticos). Los probióticos hacen más que ayudar a la digestión. Ellos refuerzan nuestro sistema inmunológico al asegurarse que la flora es sus intestinos está funcionando apropiadamente. Un sistema inmunológico saludable significa que usted puede sufrir de menos catarros y resfriados, combatir sus alergias e incrementar su energía. Los probióticos pueden revertir las úlceras, el síndrome del intestino irritable, y muchos otros males relacionados con la inflamación de los intestinos ya que los probiótios aseguran que su intestino tenga el balance correcto de bacteria para poder funcionar como debe. Adicionalmente, una flora intestinal en balance ayuda a prevenir el cáncer y el daño conectado con los rayos-x y la tomografía computarizada (CT scans). El "Campo Probiótico" tiene un gran potencial en la prevención de varios tipos de cánceres. La evidencia más prometedora es en el área relacionada con el cáncer del colon. Estudios han demostrado que la intervención con probióticos alivia las deposiciones sueltas, promueve la función inmunológica, desactiva las enzimas que producen los carcinógenos e influencian el crecimiento saludable de la flora en el intestino. Ya que casi un 70% del sistema inmunológico está asociado con el colon, un probiótico que promueve su función inmunológica le protege en contra de infecciones bacteriales y virales, y promueve la prevención de los tumores." (The Probiotic Cancer Relationship Source: Cancer-General • Author: Vanessa Wada, MS RD)

Otra razón por la que usted quiera considerar el uso de probióticos es si usted ha estado comiendo la típica dieta americana, la cual consiste en alimentos procesados que contienen demasiadas grasas, azúcar y sal. Este tipo de dieta interfiere con la buena digestión y, al paso del tiempo, la función de su colon se disminuye. Organismos Genéticamente Modificados (GMOs) son usados en una gran cantidad de alimentos procesados. Los antibióticos y las hormonas están presentes en las carnes no orgánicas, productos lácteos y pescado de granjas. Estos ingredientes destruyen las bacterias probióticas por lo que necesitamos tomar un probiótico para remplazar la bacteria buena que se pierde. Investigue. A menos que usted se tome el tiempo para investigar, el rechazar esta información es fácil.

Mucho está siendo descubierto acerca de los beneficios de los probióticos, sin embargo, considere lo siguiente como medida de como los probióticos le pueden ayudar actualmente con su salud en general. Dr. Natasha Campbell-Mcbride, una Neuróloga de la

Gran Bretaña, curó a su hijo de autismo por medio de la creación de una dieta que restauró sus niveles de probióticos hacia un balance, lo que contribuyó a sanar sus condiciones inflamatorias. Esta dieta, GAPS, (Síndrome del Intestino y Psicología) confirmó la conexión entre la salud del intestino y la salud mental. Esta doctora tiene una práctica donde trata a adultos y niños que sufren de autismo, impedimentos de aprendizaje, desórdenes neurológicos, desórdenes psiquiátricos, desórdenes del sistema inmunológico y problemas de la digestión. Ella descubrió que los niños son particularmente propensos al daño relacionado con las vacunas, y el programa nutricional GAPS es un programa efectivo para el autismo, ADHD, la dislexia, la dispraxia, la depresión y la esquizofrenia. Su libro, "El Síndrome Intestino Sicologia: Tratamiento Natural para Autismo, Dispraxia, ADD, Dislexia, AGHD...Depresión", es una fuente de información excelente.

Como Escoger un Probiótico

Busque un probiótico en polvo o uno en cápsula que contenga polvo. Esta es la forma de probiótico más efectiva. Los probióticos líquidos no son tan efectivos y no tienen una caducidad a largo plazo. Escoja un probiótico que tenga lo menos 1 billón de organismos por gramo. Cualquier otro con menos no será de gran beneficio a la salud de su cuerpo. Busque una variedad de cepas, y escoja uno que tenga al menos ocho cepas diferentes. Escoja probióticos que no sean centrifugados. Esto significa que el fabricante no usó la centrifugación en su proceso de manufactura. El proceso de centrifugación neutraliza los organismos vivos contenidos en los probióticos. Lea la etiqueta y, si no se menciona, escoja otra marca.

Multi-Vitaminas y Multi-Minerales

El segundo suplemento que usted debe considerar tomar es una multivitamina y una formula multimineral. ¿Cuál es la adecuada? Y si usted ya está tomando una multi-vitamina y un suplemento multi-mineral, ¿sabe usted qué tipo de suplemento ha elegido? Así como con cualquier producto que usted pueda comprar, hay diferencias de calidad y manufactura en lo que respecta las vitaminas y minerales. Los suplementos manufacturados pueden ser sintéticos, semi-sintéticos o enteros. Los sintéticos no son naturales – son hechos artificialmente en el laboratorio, los semi-sintéticos son una combinación de elementos artificiales y naturales, finalmente, los enteros son completamente naturales. Los suplementos enteros también se pueden distinguir por su más alta calidad– y estos tienen la etiqueta orgánica. El saber cómo leer una etiqueta es crítico para entender lo que usted está realmente comprando. Y si usted no entiende lo que está en la etiqueta ¡investíguelo! Usted no empezará a aprender cómo se diferencian estos suplementos, y porqué algunos son peligrosos, hasta que usted tome la iniciativa de buscar información.

La diferencia entre los suplementos enteros y sintéticos es ésta: los suplementos enteros son hechos de concentrados de alimentos enteros, y el cuerpo los identifica para mantener nuestro sistema inmunológico. La naturaleza intentó que nosotros consumiéramos alimentos enteros porque todas las vitaminas, minerales, antioxidantes, enzimas, coenzimas, oligoelementos, activadores y muchos otros elementos, conocidos o aún no descubiertos, se encuentran juntos. Adicionalmente, su estructura es muy compleja y se encuentran con la sinergia correcta. Consecuentemente, los alimentos enteros le dan la combinación correcta de nutrientes al cuerpo, por lo cual son absorbidos idealmente. Cuando los suplementos no están formulados de ésta manera la nutrición es deficiente. La etiqueta de suplementos completos listará los ingredientes identificando las frutas o vegetales de donde se originaron, y si son orgánicos.

Los suplementos sintéticos contienen nutrientes incompletos y sin combinar. Eso significa que cada nutriente es nada más una fracción del original. Los suplementos sintéticos son hechos en el laboratorio y, aunque los nutrientes así derivados tienen una estructura química idéntica a los que se derivan de los alimentos completos, estos no rinden los mismos resultados. No es posible que los suplementos sintéticos tengan la misma eficiencia que aquellos derivados de alimentos enteros cuando estos representan nada más una parte del alimento entero. Eso significa que usted no está recibiendo el beneficio completo que la naturaleza intentó. Además, estos nutrientes aislados son manufacturados con solventes y otros químicos que son potencialmente tóxicos. Si usted lee la etiqueta, usted verá la lista de las vitaminas y minerales aislados (estos no serán derivados de frutas y vegetales), pero tendrán otros ingredientes (como fosfatos, estearato de magnesio y cloruro de magnesio) los cuales son todos químicos.

Así como con los alimentos procesados y refinados, los suplementos sintéticos pueden crear muchos problemas y desequilibrios en su cuerpo si se toman en dosis altas por largos períodos de tiempo. Cuando consumimos suplementos que contienen vitaminas aisladas, algunas veces es posible tomar demasiado de una vitamina, y no lo suficiente de otra. Este desequilibrio puede causar problemas de salud que pueden ser muy peligrosos. Los suplementos sintéticos pueden actuar más como drogas en su cuerpo al forzar un camino u otro. Debido a la falta de absorción, éstos también pueden estresar el hígado y los riñones ya que el cuerpo trata de eliminar y limpiar el exceso. Para asegurar su absorción adecuada, lo recomendado es escoger suplementos enteros y alimentos de alta calidad.

Los suplementos semi-sintéticos son la combinación de ingredientes sintéticos y naturales, y pueden contener ingredientes herbales. Usted notará que, si son naturales, éstos indicarán el origen de la hierba o planta en la cual está derivada. Sin embargo, acuérdese de verificar si las vitaminas o minerales se derivan de alimentos enteros. También, tenga cautela con los estudios publicados recientemente (Diciembre

2013) que afirman que las vitaminas múltiples no tienen beneficios a la salud. Investigue estos estudios con cuidado – es fácil manipular los resultados para probar una perspectiva. Note que los suplementos mencionados eran sintéticos, y que el grupo investigado consistía de individuos bien alimentados.

Estos son los hechos básicos de la suplementación, sin embargo, mucho más puede ser añadido dependiendo de su salud y las recomendaciones de su médico–preferentemente alguien quién esté entrenado en nutrición y medicina holística. Cuando usted compre suplementos considere hacerlo en tiendas especializadas, ya que éstas cuentan con personal con conocimiento específico que puede aclarar muchas dudas. Finalmente, considere el suplementar con más vitamina C, y otras fórmulas antioxidantes que le pueden ayudar a fortalecer su sistema inmunológico, particularmente durante la época de frio, durante épocas de estrés más altos de lo común o cualquier otro periodo durante el cual su nivel de energía óptimo esté socavado.

Una palabra de cautela: entienda que no hay un suplemento único que le pueda ayudar a obtener la salud que usted desea. Usted tendrá que modificar su estilo de vida y sus decisiones, conjuntamente con los suplementos, para lograr su salud óptima.

EL AGUA

Tome plena cantidad de agua, a temperatura

ambiente, para la mejor digestión. Temperaturas más frías causarán que su digestión sea más trabajosa. De cualquier forma, asegúrese que sea purificada. El agua es un limpiador natural para su sistema y limpia las toxinas. Si usted no toma suficiente agua, usted puede sufrir de resfriados frecuentes, y las toxinas se pueden acumular en su sistema. Con el tiempo, usted incrementará su riesgo de contraer enfermedades. La falta de agua también contribuye a la resequedad de la piel y a la vejez prematura pero, más importante, la deshidratación crónica compromete el funcionamiento adecuado de las células, creando el medio propicio para atraer las enfermedades. Para entender los muchos beneficios del agua el libro 'Su cuerpo está rogando por agua: usted no está enfermo, usted está sediento", por F. Batmabghelidj, le puede ser muy útil.

LAS TOXINAS

Lo admitamos o no, la mayoría de nosotros vivimos en un medio tóxico. Hoy día esto es lo típico de la vida en la tierra. Algunos de nosotros vivimos en un medio peor que otros. Toleramos los asaltos a nuestros sentidos en las ciudades, y los contaminantes en el agua que tomamos y el aire que respiramos. Los contaminantes del medio ambiente como la radiación, el humo de cigarros y los herbicidas sueltan radicales libres los que pueden comprometer aún más nuestra salud. No es realista el eliminarlo todo, pero cada paso que tomamos para mejorar nuestra salud incrementa nuestra calidad de vida en general. Es por eso que, aunque sea difícil, vale la pena el tratar de cambiar nuestros hábitos alimenticios tales como el comer alimentos frescos, el tomar suplementos apropiados y agua purificada o filtrada, sin importar donde estemos– para proteger nuestra salud corporal.

Las toxinas penetran nuestro sistema a través del aire que respiramos, el agua que tomamos, los alimentos que comemos y los productos que ponemos en nuestra piel. Si ignoramos la necesidad de eliminar toxinas, al paso del tiempo esta pequeña, aparentemente aceptable, cantidad de tóxicos pueden acumularse en nuestro sistema y causar problemas de salud. Un estudio publicado en 2012, por el Jornal de Alimentos y Toxicidad, descubrió que las ratas alimentadas con maíz genéticamente modificado desarrollaron tumores más grandes. La razón por la cual este estudio es importante es porque estamos empezando a ver información que indica el por qué las toxinas, en este caso, organismos modificados genéticamente, son peligrosos para nuestra salud.

Necesitamos preguntar qué cantidad de cualquier toxina es segura. El problema con niveles "seguros" de cualquier cosa, incluyendo radiación, como algunas organizaciones comentan, deben ser investigados y evaluados seriamente. Ya que nosotros ya hemos determinado que todo acerca de nuestros cuerpos es diferente, ¿no cree que debemos de aceptar que existen diferencias en la cantidad de radiación, químicos o niveles seguros de toxinas, que cada uno de nosotros podemos tolerar? La realidad es que estas organizaciones, encargadas de determinar los niveles seguros, no pueden específicamente determinar los niveles seguros para todos. Pero ellos están seguros de informarnos que las mujeres embarazadas y las personas más débiles, y aquellos con sistemas inmunológicos frágiles, no deben ser expuestos a los rayos-x. Obviamente, si usted sufre un accidente y necesita una radiografía usted la obtiene, ya que ésta le ayudará a determinar sus heridas. Pero las radiografías tomadas por precaución, como las que los dentistas o doctores toman, puede no sean recomendables. Usted o yo podemos tener la mala suerte de no tolerar ningún nivel adicional de radiación, y dependiendo de nuestros hábitos de salud y de donde vivimos, determinará cuanto podemos absorber sin que nos cause daño o nos haga susceptible a las enfermedades.

¿Sabe alguien realmente cuáles son los niveles aceptables de toxinas, y porqué debemos de aceptar una medida que afecta nuestro equilibrio con sustancias extrañas que potencialmente nos pueden dañar? Tenemos suficientes retos para evitar las enfermedades así que, ¿porque deberíamos de absorber más toxinas cuando sabemos que hay una conexión a las enfermedades? **Su inteligencia innata lo motiva a investigar y hacer decisiones inteligentes acerca de la cantidad de cualquier toxina que usted introduce a su sistema.**

EL SUEÑO

Conozca sus ciclos de sueño, no los ciclos que usted

ha impuesto en sí mismo para cumplir con las demandas que su vida demanda. La falta de sueño y las excusas que inventamos para no descansar lo necesario aumentan nuestro estrés. En el término largo, este nivel de estrés afectará nuestro cuerpo y salud negativamente. Pero si el descansar es algo que usted ha decidido ignorar, es su decisión. Recuerde que el decir "no puedo" es su elección. Si su salud se convierte en algo importante para usted, le será imposible ignorar la necesidad de su cuerpo de obtener descanso adecuado y rejuvenecer.

En el lado de la vanidad, el sueño es uno de los factores más importantes para mantener una apariencia óptima, y a lo mejor su orgullo le llevará a considerar el dormir un poco más. Las personas que descansan lo suficiente, no se ven cansadas, sin energía o vencidas, y sus hombros no están caídos. Las líneas naturales y las arrugas no están tan pronunciadas, y esas huellas de la edad no son particularmente obvias. Por otro lado, esté seguro que considerable atención le es dedicada a esas personas que no duermen lo suficiente. Su apariencia macabra lo dice todo.

La falta de sueño también afectará su nivel de energía, su agudeza mental y su estado de ánimo. Si usted no duerme lo suficiente, su cuerpo no se regenera, punto. No piense que el capturar las horas perdidas en el fin de semana corrige el daño que usted está imponiendo. Es lo mismo que cuando usted hace ejercicio en los fines de semana y espera resultados dramáticos. No sucederá. Desde luego, en ambos puntos, haga ejercicio y duerma cuando usted pueda. Es mejor que el no hacer nada.

EL EJERCICIO

Seamos honestos. Las estadísticas recientes citan que siete de cada diez americanos no hacen ejercicio. Los otros tres hacen ejercicio en varios grados de regularidad. Es justo decir que muchos de nosotros detestamos el ejercicio programado, y muchos más creemos que no tenemos tiempo para hacer ejercicio regularmente. Por otro lado, hay aquellos quiénes lo han tratado todo como el practicar la yoga, el boxeo a patadas, el correr, el bailar, la calistenia, el tenis, el esquiar y el nadar. Éstas son las personas que entienden deben de hacer ejercicio, pero experimentan con lo último sin regularidad. Éstas son las mismas personas que se meten de lleno a hacer ejercicio por unos meses, lo abandonan más adelante y regresan para hacer otra actividad cuando sienten han ganado peso. ¿Le suena familiar? ¿Adivine qué? Dependiendo en su edad, antes o después de sus problemas de salud, su trabajo y los retos en su medio ambiente, todo contribuye al porqué hacemos o no hacemos ejercicio. El hacer ejercicio se trata de ser activo y mantener regularidad, y no de seguir lo último en dietas, tendencias y programas de pérdida de peso.

También, hay algunas personas quiénes rechazan todo lo que sea estrenuo, particularmente cuando otras prioridades interfieren. El ejercicio se convierte en algo que hacemos en los fines de semana, si acaso, o a lo mejor lo hacemos cuando estamos de vacaciones. Esto tampoco es lo óptimo. El ejercicio que se practica sin regularidad tiene consecuencias: Lo que sea que usted haga como ejercicio, generalmente, incrementa el latido de su corazón lo suficiente para mejorar su circulación y el flujo de su sangre. Usted mueve sus músculos y promueve la circulación de oxígeno. Eso es bueno excepto por el hecho de que, si usted no practica el ejercicio regular de los músculos, no hay mejora en su acondicionamiento físico. **El "acondicionamiento" implica una actividad constante y regular.** Su corazón y sus otros músculos no podrán estar saludables a través del ejercicio, si usted les da una semana para recuperarse y volver a su punto de partida. Como resultado, usted nada más estresa esos músculos o órganos, en vez de hacerlos más fuertes y saludables con el ejercicio.

Todos estamos equipados con un cuerpo que demanda actividad física, y necesitamos movernos para estar mejor. Sin ejercicio, nuestro cuerpo no funciona óptimamente. Su inteligencia innata fomenta balance cuando usted emprende actividad física para que esta actividad sea beneficiosa y divertida.

¿POR QUÉ NECESITAMOS HACER EJERCICIO?

Todos lo hemos escuchado antes pero repitamos porque necesitamos hacer ejercicio. El ejercicio reduce el estrés y mejora su circulación y su corazón. Usted empezará a tener más energía y se sentirá menos fatigado y débil. La energía y vitalidad volverán. Las endorfinas entrarán a su cerebro y aliviarán algunos de los síntomas que lo han hecho sentirse deprimido. Su nueva vitalidad le permitirá hacer más, y su cuerpo se fortalecerá y se verá mejor. Es muy posible que usted pierda peso, siempre y cuando usted esté consciente de lo que come, y no se recompense por su progreso. También, la digestión y otras funciones corporales se mejorarán. Con su confianza renovada, usted empezará a verse y sentirse mejor- lo que abrirá la puerta al cambio y sus posibilidades.

EL LADO PRÁCTICO DEL EJERCICIO

Si usted ha pasado toda su vida sentado en su sillón, o simplemente ha decidido que el ejercicio no es para usted, no se preocupe. Sin importar quien sea, hay un enfoque simple al ejercicio. Antes de que usted haga algo ¡empiece por pararse derecho! La buena postura es el principio de la confianza en sí mismo y le permite utilizar mejor el aire que respira, mejorando su nivel de energía y su actitud. **La meta de la actividad física será el acondicionar, mejorar y querer su cuerpo.**

Elija el tipo de actividad que desee integrar. Si usted no sabe lo que le gustaría hacer pregúntese lo siguiente: ¿Hay algún tipo de ejercicio que me atraiga? Acuérdese de ser realista acerca de lo que usted puede y no puede hacer con el ejercicio. Sus elecciones siempre se ven bien desde la distancia pero, si usted no ha tenido una rutina en años, inicialmente debe considerar ejercicio menos agotador.

Su nivel de actividad puede ser cambiando a un nivel más intenso en cualquier momento, siempre y cuando su meta sea el permanecer activo.

Pregunte: ¿Cuánto tiempo tengo realmente que dedicarle? Generalmente, treinta minutos tres veces a la semana es un gran comienzo. Si usted piensa que el estar en un gimnasio es mejor para usted, ¿irá usted a ese gimnasio como lo planeado? o ¿su membresía permanecerá sin usarse? ¿Que está usted tratando de lograr? La meta es moverse y estar activo, el resto no es de gran importancia.

Empecemos con unas reglas básicas acerca del ejercicio; no importa si usted sea o no sea un principiante, avanzado, o simplemente alguien que deteste el ejercicio. Trate las tres disciplinas siguientes: **Haga extensiones básicas, flexiónese y camine.** Sin excusas – si usted tiene un cuerpo, esto es lo mínimo que debería de hacer. Es fácil. Hágalo en su casa un poco a la vez. Empiece por hacerlo aunque sea por unos pocos minutos, pero considere que lo que sea que usted haga - será por el resto de su vida.

Empiece a caminar. Suena irracional, pero muchos de nosotros apenas nos movemos, caminando de su vehículo, o transporte público, a la oficina y de vuelta.
El caminar es un buen ejercicio aeróbico y contribuye a la densidad de los huesos. Todos sabemos cómo hacerlo, y podemos mantener o alterar nuestra rutina de acuerdo a nuestro ánimo. El caminar, como forma

de ejercicio, puede practicarse de por vida sin importar nuestra edad. A medida que usted toma más práctica, incremente gradualmente la distancia y camine más vigorosamente. Si usted nada más tiene media hora al día, camine al paso más rápido que pueda. Esa media hora pronto se convertirá en quince minutos, a medida que usted mejora su habilidad. A ese punto, usted tendrá suficiente tiempo para incrementar su distancia. Este tipo de rutina y actitud también se pueden implementar por aquellos que ya tienen experiencia haciendo ejercicio. Si usted ya tiene una rutina de ejercicio que le trabaje, asegúrese que ésta integre balance y moderación.

Practique lo siguiente: Siempre caliente sus músculos antes de hacer ejercicio y enfríelos al terminar. Pueda que usted quiera calmadamente mover, flexionar y estirar su cuerpo. Esto evita los dolores musculares que sentimos inicialmente y evita nos lastimemos. Sin importar el tipo de ejercicio que elija, sea consistente y dedicado. Trate de variar su rutina, particularmente si usted practica un deporte que utiliza algunos, pero no todos, los músculos. Como con los alimentos, la diversidad hace las cosas interesantes y divertidas.

En caso de que el ejercicio sea algo que usted no pueda considerar, piense en lo siguiente: El trabajo casero y cualquier tipo de caminata cuenta; el estar detrás de sus pequeños también cuenta. El caminar a la oficina y el subir escaleras son ambos formas de mantenerse ágiles. El cocinar, el estar ocupada en la cocina, el cargar la despensa y el respirar profundamente, también cuentan. **La falta de actividad es lo único que es malo para su salud.** Presentemos un recordatorio breve acerca de su mentalidad. Cuando se trata de hacer ejercicio, su actitud lo es todo. Olvídese de las excusas y nada más acepte que se debe de hacer. Su cuerpo y su salud son su responsabilidad, así que no los ignore y espere que los doctores y los médicos profesionales estén detrás de usted, cuando se trate de su balance corporal óptimo.

Aquí presentamos algunos principios básicos para lograr una actitud positiva que puede ser efectiva para aquellos que frecuentemente han tratado de hacer ejercicio, pero no han logrado hacerlo consistentemente: "usted come a diario, haga ejercicio a diario." ¿Cómo hacerlo? Deje que estas palabras se repitan en sus oídos cada vez que usted siga un plan de ejercicio. ¿Cómo lo puede hacer diario? En un instante, esto debe de hacerle pensar en lo que usted está haciendo y el tiempo que le toma. Sin duda, usted no tendrá tiempo de hacer demasiado, así que hágalo eficientemente y premeditadamente, como cualquier otra cosa en su vida. También, empezará a ser un hábito que lo motivará ya que el tiempo que usted le ha separado se transformará en parte de su programa diario. Esta meta diaria requiere motivación diaria. Esta motivación le ayudará cuando usted trate de usar excusas para no hacer ejercicio. Si usted hace ejercicio a diario no tendrá la opción de cambiar sus días cuando no le sea conveniente. Cuando se trata de hacerlo tres veces a la semana o menos, usted podrá continuamente encontrar maneras de evitar el hacer ejercicio.

El ejercicio diario permite que usted deje de pensar que tan frecuentemente hace ejercicio y evita el estrés que resulta cuando usted no lo puede hacer. El resultado es que cuando el tiempo no se lo permite, porque usted se va de vacaciones, o simplemente porque siente se merece un descanso – usted se toma el día libre sin sentirse culpable. Su rutina de ejercicio tendrá más oportunidades de triunfar cuando usted sabe que cada día es día de volver a su rutina. Y si usted practica un ejercicio, como el caminar, las excusas serán más difíciles de encontrar.

Hay un elemento más a una actitud positiva. Así como el comer alimentos sanos, el ejercicio, al principio, requiere enfoque. Si realmente éste se convierte en un compromiso de por vida, su estado mental aceptará el ejercicio como algo permanente. Esta nueva mentalidad remplazará la mentalidad que trata de inventar excusas como un niño impertinente. Sin un acometido de por vida, un día libre pronto se convertirá en dos, entonces tres, y muy pronto usted parará totalmente. A todos aquellos que pueden mantener una rutina fija de cuatro a cinco veces a la semana ¡le aplaudimos y siga adelante! Para el resto de nosotros, la actitud ¡tendrá que serlo todo!

ENCONTRANDO SU BALANCE CORPORAL

Todas su opciones deben de ser implementadas nada

más cuando usted está realmente listo a comprometerse de por vida. De esta forma, su mente tiene en claro su objetivo. No se sienta despojado o limitado cuando implemente nuevos regímenes. Coma alimentos frescos y coma menos calorías. Coma cuando tenga hambre. Haga ejercicio de forma regular. Un cuerpo sano no sólo se trata de bajar peso y verse mejor, sino también de mejorar la salud de adentro hacia afuera. El mantener su balance corporal produce una vida de calidad y desata nuestra habilidad natural de sanar.

Todo lo que usted hace en su vida tendrá un efecto positivo o negativo en su cuerpo. Cuando su cuerpo está fuera de balance, éste no tiene energía y es vulnerable a las enfermedades. El comer alimentos más saludables, y el hacer ejercicio regularmente, desata su poder de sanar. Usted es menos vulnerable a los resfríos y sus probabilidades de enfermarse se reducen. Su habilidad de sanar está operando óptimamente cuando usted está en balance. Es como su compás interno; a menos que usted lo encuentre y lo utilice, usted ni siquiera sabe dónde está. El estrés afecta cada función de nuestro cuerpo, incluyendo su habilidad de sanar, y el ejercicio es el aspecto físico de cómo reducir el estrés. El manejo del estrés se cubrirá en más detalle en el capítulo de *La Mente*, ya que la mayoría de los síntomas físicos del estrés se originan en la mente. Una vez que usted se comprometa a una mejor salud, mírese bien en el espejo. Vea lo positivo. Aún más, tenga en cuenta lo negativo. ¿Por qué? Porque todos tenemos ambos. Pero para mejorar nuestra inteligencia innata estamos interesados en exaltar lo positivo. Nunca se enfoque en lo negativo, o se convertirá en una persona negativa. Y no se deje llevar por las apariencias; hasta la gente que físicamente parece "tenerlo todo", no lo tienen. La perfección no existe. Sepa que todos tenemos nuestras ventajas y desventajas y nuestra tarea es mantener el balance.

Si lo anterior le suena un tanto idealista ¿alguna vez ha conocido a una persona maravillosa que esté cómodo en sus propios zapatos, aunque no posea precisamente la imagen ideal? Estas personas poseen una actitud natural e innata que va lejos, en término de apariencia, ya que exuden tanta energía positiva que ésta completamente eclipsa la apariencia física. Esté alerta. La gente puede que inicialmente note su exterior, pero una vez que su "energía" aparezca ¿qué es lo que verán, positiva o negativa? ¿Cuál le gustaría ser? y, ¿qué tipo de amistades le gustaría tener? También es una gran idea el practicar buenos hábitos personales. El ponerle atención a su apariencia habla claramente acerca de su auto estima. ¡Esté orgulloso de sí mismo! porque lo que usted es lo demuestra en la forma en que usted cuida de su cuerpo.

Note que debemos de continuar retando lo que se define como "normal" y "aceptable" en lo que respecta nuestro cuerpo y nuestra salud. Rechace la noción de que la edad automáticamente le trae enfermedades, o las versiones aceptables de salud inadecuadas. No acepte estándares de seguridad y cantidades aceptables de cualquier químico en sus alimentos, agua o substancias usadas en su piel sin conducir sus propias investigaciones. Complemente sus decisiones escuchando sus intuiciones.

Relaje sus reglas y expectativas rígidas, y empiece a eliminar la presión para conformar a través de aprendizaje continuo. El conocimiento lo motivará a querer hacer más. **La inteligencia innata motiva la investigación y el aprendizaje continuo.** Una vez que usted haya dominado una disciplina y se convierta en segunda naturaleza en su rutina diaria, investigue otros aspectos de su salud. Usted estará listo para absorber retos más difíciles en lo relacionado al integrar hábitos sanos, después de que usted haya conseguido construir un cimiento para mantener su balance.

Sea flexible en lo que respecta a la medicina y tratamientos alternativos. Continúe educándose. **Recuerde que hay más de una forma de hacer cualquier cosa.** Acostúmbrese a considerar cualquier enfermedad, aunque sea un resfrío, como parte de una raíz. No tome medicinas para el resfrío y acepte que nada más se trató de un resfrío. A usted le dio un resfrío porque su sistema inmunológico estaba vulnerable. Pregúntese por qué y cómo. Para empezar, la tensión es una buena explicación, y continúe con una evaluación honesta de sus hábitos de salud recientes.

Sepa que las medicinas suprimen los síntomas. La

"supresión" en su cuerpo puede comprometer el funcionamiento de algunos órganos, en particular el hígado, y las medicinas le causarán efectos secundarios. Esto nos obliga a entender los peligros de las medicaciones, al mismo tiempo de evaluar el costo/beneficio relacionado con el aliviar nuestros síntomas.

En conclusión, el mantener nuestro cuerpo en balance extiende nuestra vida y la calidad de nuestra experiencia. Nos beneficiamos de los efectos anti-envejecedores de un estilo de vida saludable, lo que nos hace ver más jóvenes y sentirnos mejor. Los efectos de un estilo de vida saludable desatan nuestra habilidad innata de sanar, al mismo tiempo que desencadenan nuestra energía positiva y nos protegen de las enfermedades y males. Haga elecciones razonables, practique paciencia y tome responsabilidad personal por todas las decisiones relacionadas con su salud.

Y decida lo que decida ¡comprométase a seguirlo de por vida!

IV.

LA MENTE

La filosofía holística debe de ser integrada en nuestras vidas para promover el balance en cualquiera de los tres componentes, incluyendo la mente. Nuestro campo de energía (formado de partículas subatómicas), forma nuestros cuerpos, mentes y espíritus. Todos están conectados e interrelacionados. Nuestras mentes (que contienen nuestros pensamientos y sentimientos) y nuestro cuerpo (materia) son parecidos, y es necesario aceptar que la vitalidad y energía que buscamos obtener en nuestro cuerpo también es necesaria para la mente.

La Medicina Mente-Cuerpo es medicina holística porque considera la interacción del cuerpo, mente y espíritu. Ésta considera los factores emocionales, mentales, sociales y experienciales y, como éstos, pueden afectar su salud en general. "El concepto de que la mente es importante cuando se está saludable, o enfermo, se originó en los tiempos antiguos. En el mundo occidental, la idea de la separación entre la mente y el cuerpo empezó durante el Renacimiento y la era de la Iluminación. El incremento en el número de científicos, acompañado con los descubrimientos tecnológicos, motivó su separación gradualmente enfatizando modelos basados en la enfermedad, los cambios patológicos y las curas externas. El papel de la mente y las creencias, en la salud y la enfermedad, empezó su retorno a la medicina occidental en el siglo veinte..." US Department of Health and Human Services, NHI Research Portfolio Online Reporting Tools – Mind-Body Medicine Practices in Complementary and Alternative Medicine.

Entonces, debemos de considerar que nuestras mentes poseen una cantidad extraordinaria de poder. Como con nuestros cuerpos, existe una experiencia óptima para todos nuestros pensamientos y sentimientos. Esos pensamientos y sentimientos impactan nuestros cuerpos, contribuyendo al nivel y tipo de energía que demostramos como seres humanos. La mente debe de ser considerada, no como una herramienta abstracta e inaccesible, sino como una herramienta que alimenta nuestra existencia completa. El cerebro es el órgano que transmite nuestros pensamientos y sentimientos y la calidad de esos pensamientos y sentimientos, o la falta de ella, dependerá de lo bien que cuidemos de nuestra mente. Tenemos la tendencia de ignorar su cuidado porque no la podemos ver, pero la misma atención debe de ser puesta en el cuidado de nuestras mentes así como al cuidado de nuestros cuerpos.

Relacionado con nuestra esencia y nuestro núcleo interno, poseemos un sistema individual único. Desde que nacemos, nuestras experiencias, circunstancias y eventos son únicos a nuestra experiencia, y el incorporar esta realidad nos causará el apreciar nuestra forma especial de vivir y pensar. Todo lo que somos puede impactar positivamente nuestras opciones, siempre y cuando estemos conscientes de nuestra habilidad individual e influencia para crear conscientemente la vida que deseamos.

¿Quiénes somos exactamente? Cada uno de nosotros tiene un sistema individual y único que nos hace diferentes a todos los demás. Nos diferenciamos por nuestras capacidades sensoriales, mentales, físicas y sociales, y nuestro conocimiento y experiencia y, finalmente, energía. El ser (quienes somos) representa las cualidades esenciales que hacen a cada persona única. El reto es el definir, expandir y utilizar estas cualidades. Nada más a través de la introspección podemos lograr éxito y bienestar verdadero. Suena simple, pero nuestra esencia es compleja y multidimensional. El hecho de que cada ser humano está hecho de dimensiones físicas, mentales, emocionales y espirituales nos presenta el reto de poner estas dimensiones en balance. Sin embargo, si evolucionamos hacia nuestro potencial verdadero, expondremos la cualidad dinámica de lo que somos- para revelar un ser energético y vibrante. Si nos comprometemos a crecer personalmente, de alguna forma ejercitar nuestra mente, seremos capaces de mejorar. Nos volvemos más efectivos y organizados. Incrementamos nuestra capacidad de lograr al experimentar un incremento de energía, entusiasmo y confianza, y empezamos a sentir el deseo de descubrir y saber más.

Acepte que vivimos en la tierra para aprender y crecer. Esto significa que estamos aquí para vivir la vida y sus posibilidades, sean lo que sean. Habrá buenas y malas experiencias. Necesitaremos evaluarlas para entender lo que debemos aprender. Éste es un proceso de descubrimiento. Cuando se trata de nuestra existencia, no podemos escapar el hacer errores, inclusive disparates rotundos. Sin embargo, si usted está en balance, sus crisis, cuando sucedan, serán mejor manejadas. Usted podrá bandear los retos que la vida le presenta mientras continúa navegando hacia el éxito deseado.

Una mente fuerte y sana-una mente ordenada-maximiza todas nuestras experiencias y naturalmente nos protege en los momentos difíciles. Una mente fuerte es una mente positiva, en estado de paz y tranquilad, y con la habilidad de crear este estado a voluntad. Una mente sana demanda atención sostenida hacia cualquier deseo o meta. Ella tiene la habilidad de cambiar conscientemente y crear una transformación de energía positiva y paz. La mente libre, sin el peso del desorden, tiene el poder de concentración. Ella también posee intuiciones y el conocimiento para revelar todas las posibilidades cuando estamos buscando soluciones. Un tipo de liberación existe, un balance de emociones libre de limitaciones. Todas las opciones son conscientes, no inconscientes.

Elecciones conscientes son:
- Evaluadas
- Optimas
- Informadas
- Intencionadas

Elecciones inconscientes son:
- Impulsivas
- Indiferentes y mediocres
- Ignorantes e inconscientes
- Sin intención

Las mentes más débiles no nos serán muy útiles cuando estamos tomando decisiones, batallando enfermedades, o emprendiendo otros retos que requieran una mentalidad positiva. Mentes enfermas tienen la tendencia de elegir inconscientemente, lo que crea situaciones complicadas e inesperadas. Una mentalidad negativa perfila pesimismo y miedo, lo que disminuye y limita el éxito. Peor, este tipo de mentalidad nos hace más susceptible a las enfermedades. Nos podemos convencer de cualquier cosa, incluyendo lo que es malo o negativo. Trate de convencerse de que usted se siente enfermo, cansado o estresado, día tras día. Eventualmente, usted se despertará más enfermo, más cansado y más estresado de lo que usted se imaginó. Lo mismo es cierto para aquellos quienes, día tras día, insisten en que ellos tendrán un día maravilloso, y definitivamente lo tendrán. Todos manifestamos nuestro destino, pero necesitamos entender que cuando nuestro destino llega, y la forma en que este se presenta, será determinado por nuestra mentalidad.

Para clarificar, el manifestar su destino significa lo siguiente: usted y nada más usted es responsable por crear su realidad. Simplemente, usted puede alterar y cambiar su realidad si usted así lo escoge. Eso es cierto en respecto a todos sus pensamientos y sentimientos. Esto no es un comentario quijotesco. Las partículas subatómicas, de las que hablamos anteriormente, poseen una fuerza organizadora que influencia como vemos y percibimos todo a nuestro alrededor. Nuestros pensamientos y sentimientos organizan estas partículas, pero entienda que usted está a cargo de este proceso. Imagine las posibilidades cuando su mente está sana y fuerte. El resultado de este tipo de atención intensa y enfoque positivo desatará eventos y logros extraordinarios. Todos hemos escuchado las historias de éxito. Por ejemplo, si usted está viviendo en circunstancias negativas digamos, por ejemplo, que en este momento usted no tiene trabajo y dinero; tomará tiempo el alterar y cambiar estas circunstancias, pero usted las puede cambiar. Sea que usted lo logre o no depende en lo que usted desea y cómo piensa. Si usted se siente continuamente negativo en sus posibilidades de encontrar trabajo, usted no podrá ver dónde están las oportunidades, ni podrá actuar creativamente en su búsqueda. Esta mentalidad destruirá todas las posibilidades. Por otro lado, si usted sabe que el mercado está verdaderamente limitado, puede que esto lo inspire a ser más proactivo al buscar un trabajo-por ejemplo, a lo mejor el ir a un edificio comercial y visitar cada oficina, en cada piso, para preguntar acerca de la posibilidad de un trabajo. Eventualmente usted entrará a una oficina donde, si no lo pueden contratar, podrán darle información acerca de alguien que pueda – desde luego, provisto que usted no se presente mal vestido y sin preparar.

No deje que lo convenzan que usted no posee el poder necesario para hacer cambios monumentales, o el lograr grandes sueños. El poder de la mente ha sido científicamente documentado. Niels Bohr, considerado el padre de la física cuántica, nos dice que el observador no puede observar nada sin cambiar lo que ve. ¿Cómo puede ser esto? Las partículas subatómicas que nos hacen lo que somos, es nada más espacio vacío que se llena una vez que nuestra atención se enfoca. Este concepto fué extensamente explorado a través de una serie de experimentos bien documentados. Los investigadores de Princeton, Brenda I. Dunne y Robert G. Jahn han establecido que nuestras mentes, al igual que nuestras intenciones, pueden alterar el resultado de eventos. Si el tópico de la física cuántica en relación de cómo afecta nuestra vida diaria le intriga, una forma fácil de empezar a aprender más puede lograrse viendo la película, "¿What the Bleep?"

Acepte que la mente es una herramienta poderosa. Esta herramienta es responsable por cada pensamiento, intención y acción, en cada momento del día. Su mentalidad y visión de la vida ¿es positiva o negativa? Si sus pensamientos, intenciones y acciones son negativos, las reacciones dirigidas hacia usted serán negativas. Por ejemplo, usted se imagina que la gente en la calle nada más están interesados en hacerle la vida difícil cuando ellos hacen muecas en su presencia, se tropiezan con usted, o no piden disculpas cuando pasan entre una multitud. Eventualmente, esta percepción negativa le atraerá dificultades serias con la gente, quienes le harán la vida difícil. Por otro lado, esto no significa que si usted siempre demuestra consideración y pensamientos, intenciones y acciones amables, usted nunca se topará con truanes. Sin embargo, esto sí reducirá esos incidentes dramáticamente, y estos no tendrán un impacto negativo en usted y su energía.

Exploremos otro ejemplo. Usted está en un restaurant y después de quince minutos el mesero se sigue olvidando de traerle agua. Respondiendo negativamente, usted decide que él debe ser estúpido o incompetente, y se enfurece y se lo hace saber. No hubo una intención negativa hacia usted, sin embargo usted invitó la confrontación con su manera de interpretar la situación. Aunque el mesero haya sido realmente incompetente ¿por qué no nada más dejarlo? ¿Valió la pena el sentirse molesto y llenar su cuerpo y mente con negatividad nada más para subrayar la supuesta incompetencia del mesero? Y además ¿porque le tiene que importar? Puede ser que, de alguna manera, usted esté insatisfecho consigo mismo y el coraje resalta como una señal valiosa que le indica que hay algo que usted necesita resolver, acerca de sí mismo y sus percepciones.

Otra menos obvia reacción de una mentalidad negativa es la continua preocupación e "inquietud" con lo que otros están haciendo o pensando, antes de que ellos actualmente hagan algo. Esta es una forma crónica de perder el tiempo, ya que usted gasta lo que al principio era energía positiva convirtiéndola en negativa, primero anticipando y después preocupándose por sus reacciones, en vez de dedicar toda esa energía a cosas que usted actualmente puede influenciar. ¿Por qué preocuparnos nada más con las reacciones negativas? ¿Por qué no dedicarle tiempo a "preocuparnos" por las cosas buenas que vendrán?

Otro ejemplo típico que produce negatividad es cuando las personas necesitan defender como se sienten. La preocupación del "no herir" a otros es la respuesta clásica de las personas con baja autoestima. Ésta es una gran excusa presentada como compasión, cuando la realidad es que estas personas están más preocupadas por su incomodidad a la posibilidad de tener que discutir sus sentimientos, que a la posibilidad de que esos sentimientos puedan herir a alguien. Estas personas se esconden detrás de una pretensión de compasión cuando realmente lo que quieren evitar son las confrontaciones y las reacciones negativas. En todo este tipo de situaciones, lo único que realmente merece atención es la forma en que el mensaje es presentado.

Hay muchos patrones de conducta negativos y es certero decir que, generalmente, todos sabemos la diferencia entre lo positivo y lo negativo. Todo lo que tiene que hacer es observar cómo se siente durante el curso del día. ¿Cuándo se siente incómodo o agitado? Entre toda la gente en su vida ¿quién le inspira pensamientos positivos? y ¿quién le inspira pensamientos negativos? Observe como maneja las pequeñas irritaciones, o más aún, las crisis en su vida. Sepa que todos esos sentimientos importan cuando se trata de un balance general y la calidad de vida.

Para una mente alerta, usted tendrá que trabajar en sí mismo y su conducta para descubrir quién es y cuál es su camino verdadero. **No cometa el error de pensar que, de alguna manera, usted puede ignorar este proceso de crecimiento personal y lograr éxito**. No hay nadie que no tenga nada que aprender, sin importar la edad, educación y experiencia. Tampoco importa en qué etapa de su vida está- usted siempre tendrá algo que aprender. También tendrá que ser proactivo en su manejo del estrés, ya que éste es el problema primario que crea desequilibrios de energía en su vida. El estrés es tóxico al cuerpo, mente y espíritu, y puede comprometer significativamente su salud en general, al inducir reacciones bioquímicas que causan más averías a su salud corporal. Todos estos sentimientos negativos y los químicos crean estrés psicológico. ¿Cuál es el asesino número uno de hoy? Estrés. El estrés "despierta" las debilidades en su cuerpo y atrae las enfermedades. El cuerpo no está separado de la mente, y es importante entender que cuando usted está enfermo su mente también está sufriendo. Caroline Myss, PhD. e intuitiva medicinal, ilustra este punto impresionantemente. Basada en quince años de estudio en medicina energética, ella demuestra que cada enfermedad tiene un patrón de estreses emocionales y psicológicos, creencias y actitudes, las cuales han afectado las áreas correspondientes del cuerpo humano.

El crecimiento personal incluirá la evaluación de su sistema de creencias. El analizar su sistema de creencias abre la puerta al cambio. **Sus creencias guían sus acciones.** Cuando empezamos a evaluar nuestras acciones, empezamos a entender como pensamos y sentimos realmente. Nuestra mente asimila lo que le mandamos pensar y creer, lo cual determina como nos comunicamos con otros y con nosotros mismos. Cuando usted evalúe sus creencias, lo que en realidad es un ejercicio en la evaluación de nuestro acondicionamiento, usted podrá distinguir cuales de sus elecciones son conscientes o inconscientes y cuales son positivas o negativas. Este conocimiento lo fortalece para cambiar sus patrones negativos de conducta. Al determinar su sistema de creencias, usted se conocerá a sí mismo y empezará a estar consciente de sus actitudes y valores-y cuáles evitan el éxito que usted desea. El éxito, de cualquier forma, evoluciona con el crecimiento personal porque nos volvemos más responsables y más auto-suficientes. Empezamos a aspirar por metas más ambiciosas (porque creemos que podemos), y de esa manera empezamos a vivir con estándares y valores más elevados. ¿Cuantos de nosotros se han comprometido a practicar el crecimiento personal como un ejercicio de por vida? Si usted es uno de aquellos que no lo ha hecho pueda que usted quiera reconsiderar esa decisión.

Estadísticas recientes en el website del Instituto de Salud Mental (NIHM) reportan un incremento continuo en la gama de enfermedades asociadas con los desórdenes mentales, la ansiedad, la compulsividad y la depresión. El porcentaje de americanos que sufren de problemas de salud mental es enorme. Necesitamos considerar lo siguiente: Si ignoramos el cuidado de la mente ¿estamos desarrollando una falta de control mental al dejar que las aflicciones sociales y culturales, y la falta de satisfacción con nuestras vidas causen más males que requieran medicación? ¿Estamos tan estresados que abandonamos la necesidad de un enfoque holístico en lo que respecta nuestra salud mental y, en vez, creamos una dependencia habitual en las drogas? Necesitamos preguntarnos el por qué hay una ausencia de comerciales y promociones dirigidas a las masas que las motive y las guie hacia el "ejercitar" la mente para una salud mejor. La mayoría está de acuerdo de que nuestra salud mental está comprometida esporádicamente durante nuestras vidas-cuando nos encontramos en situaciones difíciles o encarando retos personales. ¿No es hora de asegurar nuestra salud mental tomando control y haciendo lo necesario para fortalecer este componente crítico?

Como con nuestros cuerpos, necesitamos tomar responsabilidad por nuestra salud mental. El sentido común nos dice que el incremento en enfermedades mentales no significa que muchos de nosotros estaremos incapacitados. Lo que sí sugiere es que un buen número estamos gravemente agobiados. ¿No es obvio que podemos atribuir algo de nuestra fragilidad mental al asalto de la alta tecnología a nuestro estilo de multi-tareas, la saturación de información, y nuestro acondicionamiento social que define lo que somos y lo que debemos de ser? El sentido común nos dice que nos somos muy buenos manejando el estrés típico causado por las actividades y entorno del siglo veintiuno. Anteriormente, el tomar unas vacaciones era la solución que nos rejuvenecía y borraba años de problemas. Ahora estamos plagados con tanta tensión y estrés que una vacación nada más sirve como un curita temporal. Un poco de tiempo personal ya no alivia el tipo de problemas que tenemos que aguantar. Sin embargo, con la integración de disciplinas mentales positivas, nuestro estrés puede ser vencido con una mente animada libre de realidades exageradas. **Hay tres disciplinas que debemos de practicar para producir una mente poderosa y saludable:** El crecimiento personal, el manejo del estrés y el mantenimiento de su bienestar mental.

EL CRECIMIENTO PERSONAL

"La causa principal de nuestros problemas es que ignoramos nuestra vida interna", declara su santísimo el treceavo Dalai Lama, un monje Budista.

El crecimiento personal es el proceso de descubrimiento interno y está directamente relacionado al crecimiento emocional. Muchos de nosotros le dedicamos poco tiempo, si acaso lo hacemos, a pensar en nuestras actitudes o nuestro comportamiento lo suficiente para cambiarlos. Si reflexionamos, nuestra tendencia es el negar o ignorar las emociones negativas por miedo de que éstas puedan abrir una caja de pandora, o nos distanciamos lo más posible y pretendemos no tener nada por resolver. Sin embargo, lo único que lograremos esquivando esta lección será más circunstancias y eventos negativos que nos golpearán con más fuerza y severidad. Sin crecimiento personal, los patrones de conducta se establecen al igual que los patrones de resultados predecibles. Si usted es un adulto, esto ya ha sucedido.

El crecimiento personal no sucede al intelectualizar los momentos difíciles e incómodos. Aunque es un buen comienzo, lo que necesita ser explorado son las emociones que los acompañan. El grado de honestidad e integridad con el que evaluamos nuestras emociones nos lleva al crecimiento o al estancamiento personal. En los últimos veinte años, muchos libros se han escrito acerca de la inteligencia emocional (EQ). Como con nuestro IQ (cociente de inteligencia), tenemos un cociente emocional (EQ) que determina nuestra inteligencia emocional. Y así como cuidamos de nuestro IQ aprendiendo y expandiendo nuestros horizontes para mejorar nuestras vidas – nuestro EQ requiere un cuidado similar. El ignorar cómo nos sentimos y pensamos, en una situación dada, es ignorar un elemento importante que contribuye a la pérdida de nuestro equilibrio.

Las crisis y los trastornos emocionales están diseñados para despertarnos y darnos la oportunidad de aprender. Dado que ellos van y vienen, a lo largo de nuestras vidas, lo que importará es como actuamos durante esas experiencias. ¿Nos sentiremos fuera de control, agitados o paralizados? o, ¿estaremos calmados, alertas y listos para actuar? Debemos de tratar de no enfocarnos en lo "malo" de dichas experiencias y las maneras en que éstas son disruptivas y dolorosas. En vez, estas experiencias deben de ser consideradas como oportunidades de aprendizaje. Al principio, es posible que no sea fácil el integrarlas pero, a través del tiempo, el enfoque del evento actual cambiará en otra dirección, lo que forzará nuestros pensamientos hacia la tarea de descubrir lo que necesitamos aprender. Mientras el evento o circunstancia pueda ser negativo, el ángulo a considerar es positivo y es precisamente el cambio consiente hacia lo positivo lo que nos interesa lograr.

¿Cómo logramos cambiar conscientemente hacia una mentalidad positiva?

El crecimiento personal siempre se logra a un precio. Puede incluir la pérdida de amigos, un cambio de empleo o la separación con la pareja. Todo esto puede estar lleno de experiencias dolorosas. Es por eso que la mayoría de nosotros evitamos el análisis introspectivo-nos mantiene alejados del dolor que eventualmente expondrá esa parte de nuestras vidas que necesitamos cambiar. No nos gusta el cambio, preferimos permanecer en control y creamos buenas excusas que nos libran de los retos emocionales o, a veces, simplemente pretendemos que no hay nada malo. Generalmente, la mayoría de nosotros ha empezado a practicar un tipo de crecimiento personal, no porque así lo escogimos, sino porque algún evento, o eventos, nos hizo sentir vulnerables. Esos eventos tuvieron algo que ver con pérdidas personales-algo nos fué arrebatado- como la muerte de un ser querido, un desastre financiero, la pérdida de un empleo o el rompimiento de una relación. ¿Vé usted la conexión directa entre los eventos que cambian su vida y la oportunidad para crecimiento personal, como el momento para aprender?

Hay buenas razones para embarcarnos en el camino al crecimiento personal. Mientras más se supere, más se acercará a lo que usted realmente es y a su camino legítimo. ¿Cuál es el camino correcto? Es lo que usted hace mejor y como nadie más. Puede ser su trabajo, su forma de ser mamá o su bondad hacia otros. Podría ser su generosidad, su habilidad de escuchar o su habilidad de encontrar respuestas. Muy posiblemente habrá una combinación de habilidades específicas a usted. El crecimiento personal inspira cambio y cambio sucede aunque usted trate de esquivar su inevitabilidad. La vida lo garantiza. La única diferencia es si USTED decide efectuar el cambio, o si usted deja que el cambio le pase a usted. Si usted toma el primer paso, usted podrá tomar la decisión más positiva y ventajosa para usted. Por otro lado, si usted no toma la iniciativa, las fuerzas del universo dictarán la enormidad de ese cambio. De cualquier forma, habrá crecimiento personal. Usted toma la decisión.

Si usted duda de las fuerzas del universo, la física cuántica también aplica aquí. Ya que hemos reconocido que la mente es una herramienta poderosa, ahora imagine la enormidad del universo que contiene todo y todos en un campo masivo de energía. ¿No piensa usted que ese nivel y clase de poder es tan exponencialmente enorme que puede intimidar cualquier concepto que pudiéramos entender, y mucho menos percibir?

Hay dos opciones en la forma en que usted emprende el crecimiento personal, positivo o negativo. No hay punto medio. Si usted quiere desarrollar su inteligencia innata todo lo que usted hace deberá tender a lo positivo. De nuevo, esto es similar al ejercicio físico y lo que usted come. Es una decisión de calidad de por vida y toma un esfuerzo consiente. En otras palabras, es una decisión que usted tendrá que mantener. Y al igual que nuestra salud física, su cometido a su salud mental será retado con episodios en los cuales usted no lo podrá cumplir, incapaz de permanecer positivo cuando hay dificultades. Tanto así que, el evitar una actitud negativa será imposible. Siempre dese un poco de espacio para caer y volver a su actitud positiva, cuando esté listo. Nadie es perfecto.

Así como con el cuerpo, usted tendrá que cambiar sus hábitos, y en este capítulo, esos hábitos serán referidos como comportamiento. No confunda el comportamiento con la personalidad. La Personalidad es algo con lo que usted nace-esas cualidades innatas que posee como individuo–y el comportamiento es aprendido. No se presione con expectativas falsas, como la de transformarse en un individuo tipo "ZEN"– el cual posee profunda paz interna, o el ser como un niño flor que adopta el amor como su mantra, porque todos somos vastamente diferentes y lo que es bueno para una persona no lo es para otra. Óptima salud mental no se conseguirá de la noche a la mañana. **El crecimiento personal le tomará toda su vida** porque, a medida que crecemos, nuestras perspectivas y nuestras circunstancias cambian, y cómo vivimos dependerá en lo que queremos, lo que hacemos, a quién amamos.

La continua atención hacia el crecimiento personal facilita el descubrir quién es usted en realidad. El ser lo que usted realmente es requiere un mínimo esfuerzo. Como resultado, su energía es más eficiente. No hay contabilidad de energía si usted es lo que realmente es. Si usted está ocupado sosteniendo la máscara de lo que quiere que la gente vea e interprete, usted se enfrentará con la energía de resistencia. La energía de resistencia es creada por el usted en el exterior que resiste el usted en el interior. La resistencia, de cualquier forma, requiere un esfuerzo doble y desperdicia buena energía. Sin embargo, el problema real con la resistencia es que usted genera energía negativa. ¿Por qué nos debe de importar?

La energía negativa produce respuestas emocionales

negativas como el coraje, la infelicidad, la depresión y muchas otras emociones basadas en el miedo. Miedo en cualquier forma puede paralizarlo y prevenirlo de alcanzar su potencial. Esa máscara resulta del temor, tal vez de un sentimiento de insuficiencia, o el deseo de ser aceptado o amado. Es en intento de cubrir las inseguridades que desesperadamente estamos tratando de esconder. El miedo bloquea sus circuitos mentales cuando usted está tratando de tomar una decisión que lo hará feliz. La justificación para apoyar esas tendencias negativas, que se originaron del miedo, se materializará de la misma forma que sucede cuando usted considera la misma opción en positivo. **Nada más la energía positiva crea optimismo, satisfacción, un mundo de posibilidades y un potencial sin límite a lo que usted puede hacer.**

Cantidad de libros y terapistas existen para ayudarnos en nuestro camino al crecimiento personal. Si usted desea buscarlos, desde luego, hágalo. Su inteligencia innata no es un substituto para aprender más, ni tampoco un substituto del consejo de un médico, si es que lo necesita. Sin embargo, muchos no tienen los fondos para dedicar a un curso formal de crecimiento personal, o el tiempo para descifrar y explorar los muchos libros de psicología, auto ayuda, ciencias sociales y filosofía. Hay un método basado en el sentido común así que ¡empecemos! Hay tres pasos básicos al crecimiento personal:

1. Elimine todas las actitudes y los hábitos emocionales malos, incluyendo aquellos que lo animan a imponerse limitaciones.
2. Pregúntese: ¿Reacciono por temor o por amor? Resuelva las diferencias.
3. Conózcase a sí mismo, y asegúrese de abandonar la negación.

No importa su punto de partida, usted debe de eliminar las malas actitudes y los malos hábitos emocionales, como el sentirse inferior. Eso significa que necesita purgar todos los sentimientos negativos, especialmente aquellos que refuerzan los sentimientos negativos acerca de lo que usted es. Las malas actitudes y los malos hábitos emocionales pueden ahorcar singularmente su éxito en la vida, y pueden afectar su bienestar. Estos disminuyen sus habilidades innatas al crear inseguridad en sí mismo, rechazo, inferioridad y desilusión. **Las actitudes negativas y los conceptos de inferioridad distorsionan la realidad.** Ellos nos hacen sentir que nada es posible, que existen obstáculos que no se pueden mover y que no hay nadie de nuestro lado. Una actitud derrotista puede desatarse, lo que nos llevará hacia más dudas y pensamientos negativos acerca de quiénes somos y lo que queremos hacer. Estas dudas y recriminación crecen y destruyen nuestros sueños y esperanzas, y finalmente afectan nuestra salud.

Las palabras "límite y limitaciones" deben de desaparecer de su vocabulario porque eso es lo que usted encontrará cuando trate de lograr sus metas. Usted está tan limitado como usted lo decida. ¿Alguna vez ha escuchado esas historias increíbles de gente con impedimentos físicos que supuestamente logran cosas milagrosas? Ellos no son nada más afortunados, o tienen talentos mejores que cualquier otro en las mismas condiciones. En vez de fijarse en sus limitaciones o sus impedimentos físicos, esas personas creen en sí mismos y sus habilidades, incondicionalmente. Los obstáculos siempre existirán para aquellos quiénes desean el éxito. ¿Porque? Es la ley natural loca del universo que pregunta "¿Está seguro que de verdad quiere esto?" Entonces le prueba una y otra vez, hasta que es más y más fácil el darse por vencido. NO LO HAGA-este proceso está diseñado para eliminar a aquellos que dicen querer el éxito, de aquellos que realmente lo esperan. Una nota final, repita tan a menudo como le sea posible: **Yo puedo versus Yo no puedo.** Grítelo si lo necesita.

Así como todos los tres componentes de cuerpo, mente y espíritu, el acondicionamiento juega un papel importante en nuestra mentalidad. Nuestra mentalidad refleja lo que creemos y, cuando es negativa, patrones negativos de conducta existen. Sin duda, todos hemos desarrollado uno, pero a menudo más que uno, los cuales se han convertido en patrones emocionales negativos, o lo que en el campo de la psicología le llamamos esquemas. Estos patrones de conducta afectan lo que percibimos, como interpretamos las cosas, como tomamos decisiones y como actuamos. Sin embargo, no necesitamos estar atrapados tratando de entender el vocabulario técnico para mejorar mentalmente. Simplemente, piense en las circunstancias que le hacen sentirse molesto, frustrado, desilusionado o inadecuado. ¿En qué momentos usted sobre-reacciona a las pequeñas molestias? ¿Usted come en exceso- o no lo suficiente- cuando se siente emocionalmente incómodo? **Nuestra meta es el cambiar y alterar nuestras reacciones de negativas a positivas.** Conducta positiva y cambios positivos nada más pueden traerle beneficios, y lo mismo es cierto con lo negativo.

Para eliminar los auto conceptos negativos (lo que creemos de nosotros mismos) y las actitudes falsas, debemos de empezar con investigar y reconocer cuáles son. Si usted no tiene idea de lo que son o por dónde empezar, trate de escuchar su diálogo interno. Cuándo los problemas llegan, ¿escucha usted sus voces internas diciéndole que se enfurezca y se tome venganza, haciéndolo sentir menos merecedor, o explicándole por qué usted nunca será bueno suficiente, sin importar lo que haga? ¿Escucha usted el cuchicheo de opiniones negativas en lo que respecta a sus habilidades, y por qué lo que usted quiere está fuera de su alcance? O, ¿usted se infla tan por encima de los otros que su actitud de superioridad atrae criticismo negativo, dejándolo sin pista del porqué usted no ha logrado sus metas? Estas son las voces de crítica, infelicidad, privilegio y perfección nunca dándole una oportunidad, y haciéndolo sentir débil, sin poder y como un perdedor. Sin duda usted se sentirá vencido y sin opciones. Empiece por extinguir esas voces crueles. Estas imponen una preocupación con la negatividad constante, lo que le distrae de encontrar, y mucho menos integrar, una solución positiva.

Haga una promesa firme de disponer de sus emociones malas. Éstas lo distraen y lo alejan de las soluciones. ¿Alguna vez ha conocido a esa clase de gente que se queja de sus problemas todo el tiempo, repitiéndolos constantemente, y aunque usted haya ofrecido soluciones continúan quejándose sin hacer nada y repitiéndolo de nuevo? Bueno, esa es la distracción que actualmente nos impide el salir adelante. ¿Porque hacer esto intencionalmente? La respuesta simple es-para evitar cambio a través del aprendizaje. Es más difícil decir, "Debo de cambiar mi conducta", a eliminar a la persona o el origen de nuestra infelicidad. **El enfoque debe de estar en la solución, no en el problema.**

Por ejemplo, el sentimiento de ser inadecuado ha infectado a muchos de nosotros. Es un buen ejemplo de un auto-concepto pobre. En una sociedad que idolatra la riqueza y grandiosidad muchos de nosotros sentimos que no podemos obtener la mayoría de estas cosas. Éste es un hábito emocional malo. Trate este hábito emocional malo, o cualquier otro que sea negativo, como un dragón que debe de ser eliminado. Cada vez que usted escuche esa voz, o cada vez que empiece a sentirse incapaz, visualice una espada con la que usted aniquila al dragón en mil pedacitos. Si tiene que hacerlo, disfrute de su ejecución. Esta sugerencia es nada más eso, una sugerencia. Si a usted se le ocurren otras formas de aniquilar estos demonios, ¡úselos! Lo importante es aceptar y entender que estos hábitos deben de romperse para lograr cualquiera de sus metas, incluyendo el ser feliz. La felicidad se genera internamente. Cuando usted permite que un dialogo interno negativo encuentre refugio en su mente, esto lo sumergirá en una infelicidad crónica. Su actitud necesita cambiar a una de **dedicación y cometido a un usted positivo.** Éste es su continuo camino hacia el balance.

No se deje atrapar en *quien* lo hizo sentirse mal. Usted nada más está buscando a quién culpar, y eso también es un hábito emocional malo. Si usted necesita amarrarse las manos o taparse la boca para evitar sus respuestas negativas, que sabe son destructivas, ¡HAGALO! Antes de habituarnos al crecimiento personal, no siempre podemos evaluar por qué reaccionamos con hostilidad o sumisión u otros sentimientos negativos pero sí sabemos que lo hacemos. Usted puede pararlo, y tan solo la decisión de hacerlo empezará a cambiar su actitud hacia el reflexionar y considerar otra alternativa. **Esfuércese a encontrar alternativas positivas.** Ellas existen, aunque usted las rechace. Sepa que cada vez que usted diga que no puede dejar de reaccionar de manera negativa, usted está rechazando el cambio. ¿Qué tal le está funcionando? ¿Está usted relajado, feliz y obteniendo todo lo que quiere?

Nada más usted es responsable por sus pensamientos, intenciones y acciones, y el disculparse porque alguien más inicio la respuesta negativa. Es su decisión el reusar su responsabilidad. Consiente o no, usted está atrapado en la negatividad. Esa negatividad le causará más trastorno e incomodidad al influenciar su estado de ánimo e inclusive su estado físico. ¿Elegirá usted ser positivo o negativo?

El proceso de cambio empieza con la promesa de tratarse como la persona más importante del planeta. Esto significa que usted no pospondrá su crecimiento personal. Sus pensamientos necesitarán ser de respeto, admiración y amor por sí mismo. Cuando usted se valora, usted mantiene una identidad que no puede ser penetrada por negatividad o gente negativa. Una barrera natural se forma que inspira confianza, valentía y la habilidad de adoptar cambio, y todas las posibilidades.

Empecemos con una de las frases más sobre-usadas en el ámbito de auto-ayuda. Usted es la persona más importante en el planeta. Tan cansada como esta frase puede que esté, usted necesita considerase su prioridad, porque, si usted se preocupa por sí mismo, usted podrá ser más útil para sí mismo y otros. Usted tendrá más para dar porque usted estará, en todos los aspectos, en un lugar mejor. Por otro lado, si usted está súper estresado, usted no podrá ayudarse o a sus seres queridos. Algunos de ustedes pueden estar listando automáticamente las razones por las cuales el cuidar "realmente" de usted mismo no es posible. Posiblemente, excusas que envuelvan su falta de tiempo, como cuando usted prioriza las necesidades de alguien más, por ser más importantes que las de

usted, o sus finanzas hayan sido mencionadas. Sepa que este es el momento en que usted necesita decir, "Yo puedo, versus Yo no puedo."
Si usted examina lo que el respeto, admiración y amor puede que signifiquen en relación a cómo se siente acerca de si mismo, las siguientes preguntas surgirán:

- **Respeto** – ¿Cómo me juzgo? ¿Qué opino de mí mismo? Mi autoestima ¿es alta, mediana o baja?
- **Admiración** – ¿Me respeto a mí mismo? ¿Tengo una buena imagen de mí mismo? ¿Me admiro de la misma manera que admiro a otros?
- **Amor** – ¿Cómo me honro? ¿Dedico tiempo nada más para mí? ¿Me amo lo suficiente para hacer lo que es correcto para mí? ¿Amo lo que soy?

Sin respeto, admiración y amor por sí mismo, usted no solo se pondrá a la orden y deseos de otros, sino también proyectará lo opuesto al respeto, admiración y amor. ¿Alguna vez ha escuchado a gente quejándose de no ser tratada con respeto? O, ¿por qué nadie aprecia sus logros y cualidades? y ¿por qué nadie los ama? ¿Cuál es la razón por lo que esto sucede? Sin fallar, esto sucede porque ellos mismos **NO** se tratan con respeto, admiración o amor. Careciendo de auto-consideración, este comportamiento casi ruega por maltratos. Una mentalidad positiva le permitirá respetarse a sí mismo lo suficiente para levantarse solo, al igual que el atraer el respeto, admiración y amor. El saber que usted es importante es el primer paso a aceptar el amor por sí mismo. Si su campo de energía es negativo-un campo de energía sin respeto, admiración y amor-esté preparado para la negatividad. El caer en un patrón de emociones negativas que perpetúa la falta de respeto, admiración y amor por uno mismo es generalmente justificado con excusas de necesidad: "mis hijos me necesitan para" o, "mi esposo/esposa me necesita para", voluntariado crónico: "OK, lo haré", o excusas de perfección "nada más Yo puedo hacerlo bien, o "si yo no lo hago, no se hará". Los límites de tiempo lo llevan a hacer más de lo que puede, lo que lo deja con resentimientos y frustraciones. Es entonces que usted se llena de reacciones negativas. Esto atrae repuestas negativas de otros cuando, a lo mejor, una cosa pequeña no se hizo. En vez de pedir, o exigir ayuda o insistir en que necesita tiempo para encargarse de ello, o para lo que sea que usted necesite, usted se refugia en la posición "woe soy yo", sintiéndose totalmente abandonado y sin opciones. Sepa que su mentalidad es la que impone una realidad ilógica la cual **USTED** ha elegido mantener. Antes de embarcarnos en los pasos básicos para la implementación del crecimiento personal, tratemos de adoptar las siguientes prácticas:

Hasta las PEORES circunstancias tienen un lado bueno. Busque el lado bueno hasta que usted lo encuentre. Hágalo su misión. Lo que necesita preguntarse es ¿qué es lo que necesito aprender? ¿Cómo puedo cambiar este evento negativo en algo positivo? Como todos sabemos, no es siempre fácil encontrar el "lado bueno" cuando hemos perdido a un ser querido de una manera trágica, o perdido nuestra fortuna en un día. Sin embargo, una mentalidad positiva es como un filtro. Antes de que los demonios de la negatividad se despierten y estrangulen nuestro progreso con miseria, desesperación y enfermedad, una mentalidad positiva surge para forzar un cambio rápido hacia lo positivo.

Mantenga sus sueños lejos de aquellos quienes son incapaces de apoyar sus esfuerzos. Lo último que usted necesita es alguien que lo arrastre hacia abajo, lo jale peligrosamente a albergar dudas de sí mismo y lo llene de pensamientos destructivos. No considere sus tropiezos como fracasos, y no deje que nadie lo convenza que sus tropiezos son fracasos. Los tropiezos son parte del proceso hacia el éxito, de alguna forma, un tipo de preparación para cuando usted finalmente logre el éxito.

No dependa en nada externo. Eso significa que no debe depender en gente y cosas fuera de usted mismo. Esto no significa el ignorar las opiniones o guía de otros, sino que ultimadamente usted debe de apoyarse y depender en su propia habilidad de diferenciar lo que es bueno para usted, y lo que no lo es. Por ejemplo, puede que usted este encarando la realidad de que su matrimonio está en su recta final-y usted lo sabe. Muchos a su alrededor insisten en aconsejarle que trate otra vez, peo USTED ha determinado que, aunque sea difícil, usted debe de terminarlo. ¿Que debe de hacer? ¿Sigue el consejo de los demás, deseando que nuevos eventos lleguen que puedan, de alguna manera, cambiar la decisión que usted sabe debe de tomar? Nadie sabe que es lo mejor para usted que usted. **Confíe en su intuición interna** cuando esta le dice lo que debe de hacer, y sepa que este proceso está directamente relacionado a ser su auténtico ser. Aunque decidir el divorciarse le traerá dificultades emocionales, este proceso lo llevará hacia un mejor usted-incluyendo la posibilidad de una relación mejor. De nuevo, nuestro acondicionamiento y hábitos emocionales malos tienen muchas capas lo que nos ha impedido ser lo que de verdad somos. Como resultado, estamos predispuestos a no lograr lo que queremos. En este caso, lo usted desea es una relación satisfactoria. Mientras el evitar el divorcio nos evita una crisis emocional, al mismo tiempo, este le cierra la puerta al cambio positivo. Cuando usted es honesto con sí mismo, no hay cálculo, no hay energía perdida, y usted automáticamente libera energía y sentimientos sanos. Es a través de esa liberación de energía y sentimientos sanos que mejoramos nuestra inteligencia innata.

Lo opuesto a energía y sentimientos sanos es el miedo. El miedo representa muchas emociones torcidas como las preocupaciones, el pánico, la ansiedad, la frustración y la depresión. También se refiere a los sentimientos de angustia, miseria, disgusto, culpabilidad y venganza. Usted no puede encontrar su camino natural, o harmonía, si usted está atrapado en alguna de esas emociones destructivas. Como lo mencioné anteriormente, el acondicionamiento es responsable por el sentir y creer que necesitamos satisfacer las perspectivas de otros. El elegir una perspectiva que no sea suya está garantizada a fallar- pero definamos de nuevo lo que es el fallar. **El fallar debe ser definido como el no empezar o el no tratar.** Repítalo un billón de veces si lo necesita. El fallar es el nunca empezar, y nunca tratar. La razón por la cuál es importante redefinir lo que significa el fallar es porque si seguimos considerando el fallar como el no alcanzar, lograr o realizar una tarea en particular, NUNCA TRATAREMOS. ¿Porque? No trataremos de seguir nuestros sueños o sentimientos por miedo de cometer errores, o el tener que explicar por qué lo que hicimos no resultó. Este tipo de lógica se origina en nuestra tendencia de satisfacer a otros y sus ideas de lo que es bueno para nosotros (nuestro acondicionamiento).

El distinguir entre lo que USTED quiere y lo que OTROS quieren para usted debe de ser clarificado. La distinción es importante porque esta cuestión aparece y reaparece repetidas veces durante nuestras vidas. Si usted tiene la fortuna de saber lo que usted quiere, desde su niñez, y es capaz de conseguirlo y contribuir positivamente ¡maravilloso! La mayoría de nosotros no lo sabemos lo que nos deja en la categoría de confundidos. La duda típica es "Yo no sé qué es lo que quiero" o, a lo mejor, tenemos una lista de cincuenta cosas y no sabemos por dónde empezar. Esto significa que es hora de embarcarnos en una expedición hacia el crecimiento personal. No lo puede evitar. Y, si usted está lleno de compulsiones, es hora de cambiar y el cambio lo llevará hacia el crecimiento personal. Usted se tendrá que analizar lo mejor posible y determinar dónde necesita hacer cambios y dónde desearía hacerlos. Nadie es perfecto y, de nuevo, estas cosas las figurará durante su vida. Nadie cambia de la noche a la mañana, o empieza a practicar una actitud positiva después de haber vivido, un largo tiempo, dudando de sí mismo o buscando la aprobación de otros.

El conocerse a "si mismo" requiere el pelar conscientemente las capas costrosas que se han acumulado a través de su vida. Es un proceso que desenreda sus emociones, como se siente, lo que le gusta y no le gusta, de usted y de otros, y cómo reacciona usted en ciertas circunstancias y situaciones, particularmente en aquellas que lo trastornan mentalmente. ¿Usted siente emociones turbulentas de preocupación, miedo, ira, frustración u odio frecuentemente? Con honestidad absoluta ¿sabe usted las causas de sus sentimientos y conducta- buenos y malos? ¿Por qué nos debe de importar?

La razón por la que a todos nos importa es que de alguna forma, en algún momento en nuestras vidas, nos sentimos insatisfechos ya que no estamos logrando lo que deseamos. No importa que tan pequeña o que tan grande es la meta que nos imaginamos ya que ésta es inalcanzable. A lo mejor, frecuentemente dudamos de nuestras habilidades como padres o nuestra habilidad de conseguir una promoción. A lo mejor no podemos conseguir a la pareja adecuada. O, a lo mejor, estamos nerviosos acerca de donde estamos en nuestra vida, un poco confundidos y extraviados, y nada de lo que hacemos tiene sentido. ¿Nos estamos distanciando emocionalmente? o ¿estamos criticando a aquellos alrededor de nosotros? ¿Estamos perdiendo el sueño, ganando peso o nos sentimos deprimidos? Bienvenido al mundo del crecimiento personal.

Aquí presentamos las formas básicas para empezar y/o continuar el proceso de crecimiento personal. La meta es el propiciar un mejor entendimiento de sí mismo y sus acciones. Elija un momento tranquilo para reflejar y analizar sus emociones. Siéntese, o recuéstese, cómodamente y empiece a dedicarle un horario consistente a este proceso. Adopte una rutina lenta. No conteste el teléfono, cocine, limpie o escuche música-todas esas son actividades que lo distraen y la intención es el de concentrarse en sus pensamientos. Póngale atención a lo que piensa y a su forma de pensar. ¿Qué preocupación se le ocurre? Piense en lo que le molesta, y quién le molesta. ¿Cuáles son las razones? Y, ¿a dónde van estos pensamientos? **Investigue sus emociones HONESTAMENTE** y empiece a aceptar y reconocer sus dificultades. Cuando refleje en una situación piense en cómo se sintió y lo que hizo. ¿Qué parte fué su responsabilidad? Sus acciones ¿son irreprochables? Las de nadie lo son así que continúe pensando y buscando su responsabilidad.

EL ARTE DE LA NEGACIÓN

Por todo el mundo, la negación es una forma de arte

elusiva y frecuentemente practicada por todos. Como seres humanos inteligentes y razonables nos gastamos la mitad de nuestro tiempo racionalizando lo que hacemos con la otra mitad. Ello justifica, explica y absuelve nuestras decisiones y elecciones. Todo lo que necesitamos hacer es elegir una meta y presentarla en términos que sean socialmente aceptables para declararnos con el *derecho* de hacerla.

Todos lo hacemos. Cuando somos pequeños, seguimos y copiamos a aquellos alrededor de nosotros para ser parte del grupo. Como adultos, ese patrón de conducta no desaparece realmente, lo que mejora es nuestra habilidad de perpetuar las respuestas automáticas a lo que es aceptable y a lo que no lo es. Esto contribuye a validar porque necesitamos evaluar nuestras creencias y romper nuestro acondicionamiento, y por qué necesitamos trabajar en nuestro crecimiento personal. Ambos nos acercan a nuestro espíritu, lo que define lo que realmente somos.
La negación es difícil de reconocer porque es definida con contradicción. La negación siempre está cerca, particularmente cuando hay demasiada gente a su alrededor, repitiendo el mismo comentario negativo mientras usted rechaza rotundamente dicha observación. Si usted está perdiendo amistades por alguna razón y/o actitud, y encuentra remplazos inmediatos, pero nada más entre aquellos que están de acuerdo con usted, usted está en negación. Si usted piensa que nadie lo entiende, o no entiende por qué nadie más que usted ve lo que es correcto, usted

está en negación. Si su tendencia es el colgar el teléfono o salir del cuarto cuando es retado, usted está en negación. La versión más controlada y menos obvia de la negación es cuando usted se aísla emocionalmente para evitar el sentir. Por dentro, usted sabe lo que siente pero evita pensarlo pues no quiere enfrentarse a ese sentimiento difícil. La negación es un sube y baja extraño de perspectivas opuestas, y es fácil el desafiar la perspectiva menos halagadora. Acuérdese nada más que la mente es una herramienta poderosa y es bastante efectiva cuando se trata de esconder la negatividad.

El crecimiento personal nos permite dispersar la negación a medida que empezamos, lentamente, a remover las capas que bloquean nuestra visión. Haga lo mejor para no caer en la negación al rechazar lo que parecen ser tonterías porque nada más usted será el recipiente de esa elección no considerada. Si usted se bloquea y se distancia emocionalmente, usted cierra sus propias posibilidades. El cambio no será posible – y a lo mejor eso es exactamente lo que usted está evitando. Si usted se siente agobiado durante su evaluación de alguna situación tome una "pausa" y vuelva a considerarla en otro momento. Las respuestas siempre surgirán para informarle cuando el momento es apropiado. Sea paciente siempre, y tenga en mente que es imposible el apresurar el crecimiento personal.

¿QUÉ ES LO QUE DEBO DE PREGUNTAR?

Pregunte: ¿Cuál es mi comportamiento, bueno o malo? ¿Conozco el origen de mi comportamiento, bueno y malo? Observe su incomodidad y trate de encontrar la raíz. No se apresure o se agobie, y no caiga en el hábito de culpar la raíz, lo cual usualmente es una persona o evento. ELLOS no son responsables por su comportamiento. Su comportamiento pudo haber sido la manifestación, pero solo usted se comporta de la manera que se comporta. Nadie lo obliga y es totalmente su elección. Por favor recuerde que la conducta se refiere a toda la conducta negativa. Esto incluye las emociones negativas silenciosas, como por ejemplo cuando usted decide no mencionar sus verdaderos sentimientos, lo que lo lleva a acumular resentimiento, el hacer feliz a otros, y el guardar sentimientos de ineptitud, fracaso, egoísmo, inferioridad y hostilidad. Manifestados o no, los sentimientos negativos son sentimientos negativos.

Pregunte: ¿Qué eventos han impactado mi vida? No importa que tan grandes o pequeños, ¿cuáles son? y ¿puede usted encararlos? Si usted puede identificarlos, ¿qué parte de esos eventos han distorsionado su perspectiva? En otras palabras, ¿cómo cambió su imagen del mundo? ¿Fué un cambio positivo o negativo?

Pregunte: ¿Qué mecanismos de resolución he creado para sobrevivir esos momentos de impacto? ¿Cómo limita su vida esta conducta? ¿Sufre usted de desórdenes del comer, compulsiones y/o conducta neurótica o ansiosa? ¿Tiene usted adicciones o problemas de abuso de substancias controladas?

Aunque claras, estas preguntas no pueden ser inmediatamente respondidas nada más porque las preguntamos. Así como con el ejercicio, empiece paso a paso. No espere resolver todos sus problemas con uno o dos intentos. Si usted necesita, escriba sus pensamientos en un diario. Esto puede ayudarlo con su perspectiva. La integración de estos pasos, de ahora en adelante, le ayudará a estar consiente de cada pensamiento, intención y acción. Pero usted debe ser completamente honesto, lo que puede ser muy doloroso. Es por eso que un lugar callado y posiblemente aislado podría ser útil cuando esté evaluando sus sentimientos. Si esto es demasiado para aguantar en un intento, déjelo temporalmente. La disciplina de reflexión atenta debe de transformarse en un amigo, no en un enemigo, así que haga lo que usted tenga que hacer para asegurarse de estar tan cómodo como le sea posible.

La reflexión atenta no solo le ayuda durante los momentos turbulentos, sino también durante los momentos tranquilos. No espere una agitación para reflejar. En tiempos felices, nuestra mente es más fuerte y puede procesar un momento difícil. También nos sentimos menos vulnerables y podemos aceptar más fácilmente esos aspectos de nosotros que no son particularmente positivos. Durante los momentos de tranquilidad nuestra tendencia es el de ser más honestos, y por consiguiente, la negación se puede disipar. Cuando no estamos en medio de una crisis nos sentimos menos defensivos y más abiertos a ideas nuevas. Cuando practicamos el crecimiento personal durante momentos más felices, cuando todo está en orden, las razones por nuestra incomodidad son identificadas más fácilmente, lo cual solidifica esta habilidad para usarla en momentos de dificultad- automáticamente. Nuestras observaciones siempre serán más honestas cuando nos sentimos mejor. Es mucho más difícil el admitir y reconocer nuestra responsabilidad cuando sentimos dolor, o cuando estamos en crisis.

Cuando usted descubre las raíces de su conducta, usted ha dejado que las puertas del cambio se abran. El caos cesa y la tranquilidad entra a su realidad y elimina todas sus preconcepciones. Sin apoyo, usted ha establecido su habilidad de sanar sus emociones. A medida que usted continúa en el camino de crecimiento personal, el beneficio es su permiso de vivir en el presente. ¿Por qué importa esto? Si usted está ocupado preocupado por el pasado o el futuro, y está atorado con cosas que no puede cambiar o controlar, usted se paraliza y no puede sentir y vivir el momento a su potencial. En el presente, todo lo que sucede se siente completamente, sin juicios o expectativas. A través de reflexión dedicada, usted entiende e identifica la causa de las actitudes negativas y su falta de confianza en sí mismo. Este proceso lo libera para cambiar hacia una mentalidad positiva. Su "cabeza" ahora tiene el espacio para invitar los pensamientos que usted escoja. Esta libertad le permite ser más positivo, más flexible y más espontáneo para implementar soluciones positivas y cambios en su vida.

El crecimiento personal lo libera para cambiar y entrar a una zona de energía donde no hay limitaciones y hay posibilidades ilimitadas. Usted se encuentra mentalmente flexible y en equilibrio para seleccionar entre más de un tipo de reacción. Las alternativas son deliberadas, no inconscientes, ya que usted cuenta con la habilidad de controlar sus impulsos y su conducta impetuosa. Las emociones son más intensas y profundas, y poseen claridad y finalidad. Usted empezará a tener una experiencia especialmente abundante. Usted dominará la disciplina de saber cómo se origina cada sentimiento, cómo se desarrolla, cómo cambia y cómo está usted en control de todo el proceso. La habilidad de cambiar su estado de conciencia le espera al igual que la habilidad de crear una mentalidad positiva.

El desarrollo de su espíritu, el cual cubrimos el en capítulo que sigue, es el tercer componente que requiere balance. La energía espiritual promueve el logro de sus metas. Esta trabaja conjuntamente con las otras partes porque descubre su potencial verdadero y le permite accesar su sabiduría interna. Ese conocimiento crea satisfacción y seguridad en sí mismo, y elimina la idea de sacrificar sus metas por otros. El decidir no sacrificar sus metas no significa que usted es egoísta o nada más está enfocado en sus propias necesidades. En vez, se trata de honrar lo que usted es. La gente que lo ama nunca le pedirá que sacrifique lo que usted es (eso es parte del respeto hacia usted), a menos que la relación esté caracterizada por miedos e inseguridades. La meta es el realizar su potencial humano, y el de **ser lo mejor que usted puede ser-para sí mismo y para otros,** mientras mantiene su balance en todos los tres componentes de cuerpo, mente y espíritu.

Cuando usted no está practicando el proceso de reflexión concentrada, pueda que usted quiera enfocarse en una pregunta simple que puede ser evaluada durante el día. **Mis pensamientos, intenciones y acciones ¿están basados en MIEDO o AMOR?** Definamos miedo y amor. La mayoría de nosotros define el miedo como el estar asustados en pánico, temerosos y/o cuando estamos en peligro. Miedo también puede ser visto como preocupación, pánico, confusión, ansiedad o aprensión, no importa que tan leve. También puede ser el estar preocupado, o sentir ansiedad o pánico, en cualquier situación–real o percibida. **El miedo no solo previene la consideración y exploración del porqué de su incomodidad, sino también de su solución.** Usted se paraliza y se acostumbra a aislarse (una reacción basada siempre en miedo), lo que automáticamente lo predispone a responder negativamente. El miedo es contraproducente y autodestructivo, lo que lo hace sentirse vulnerable. También, el miedo impone una preocupación a eventos que se perciben negativos, dejándonos con un déficit de energía que produce estrés, fatiga y vulnerabilidad. El crecimiento personal nos ayuda a deshacernos de ese miedo lo suficiente para permitirnos el considerar y promover cambios positivos. Debemos de estar conscientes para captar la presencia del miedo y su poder para dictar nuestros pensamientos y actitudes.

El miedo es la falta de confianza. Cuando nos preocupamos, estamos ansiosos, o en pánico, por eventos que se aproximan, estamos atorados en duda de nuestras habilidades. Estamos preocupados con lo que pueda o no pueda pasar. La preocupación resulta cuando no sabemos todo lo que va a ocurrir y estamos desesperados por controlar el resultado lo que, desde luego, es imposible determinar. Tenemos miedo de no poder conseguir lo que queremos, o peor, nos sentimos indignos de ello. Sin embargo, el pánico restante, o la ansiedad, se convierten en sentimientos de duda de que lo que esperamos no sucederá. Demasiada evaluación de los resultados también nos lleva a un estado de confusión que nos paraliza, y nos evita el conseguir lo que de verdad deseamos.

¿Qué es el Amor? El amor es todo lo que es bueno-y se siente bien. Él inspira todas las reacciones positivas–confianza, amabilidad, generosidad, perdón, compasión, tolerancia, esperanza y fe. Si todo pensamiento, intención y acción se derivara del amor, habría algún recordatorio de lo que es bueno dentro de cada uno de nosotros. El recordar lo que es bueno en nosotros promueve esperanza, en vez de desesperación. Los impulsos o energía negativa no se acercarán–y usted tampoco los generará. La negatividad no está interesada en aquellos que están llenos de todo lo que es positivo.

La próxima vez que esté usted molesto, o con coraje, o desilusionado – ¿escogerá usted el comunicarlo? y, si se comunica ¿será con amor o miedo? Aunque molesto ¿practicará auto control y será gentil? Aunque con coraje ¿permanecerá flexible y amable?, y si desilusionado ¿perdonará y mantendrá su corazón abierto?

Algunas veces, el proceso de crecimiento personal puede sentirse como si estuviéramos nadando en un pantano, así que resista la atracción de sentir pena por sí mismo. Todos tenemos momentos que nos arrastran hacia abajo, y todos sufrimos de crisis personales. También, en un momento u otro, hemos demostrado conducta indigna. El crecimiento personal se trata del mejorarse a uno mismo, la clase de **mejoramiento que nos guía hacia las resoluciones emocionales**. La meta es el investigar y descartar las emociones negativas y descubrir lo mejor de nuestros talentos. Cuando nuestros talentos, nuestras cualidades, tienen oportunidad de emerger (en vez de nuestras inseguridades), nuestro enfoque y confianza se vuelven positivos. Nos sentimos mejor. El sentirnos mejor nos permite enfocar nuestra atención de lo negativo hacia un mundo donde nuestras cualidades empiezan a dictar los resultados que estamos buscando.

MANEJANDO EL ESTRÉS

Las emociones basadas en el miedo causan confusión, impulsividad, depresión y ansiedad, y todos le llevan a sentir estrés. El estrés es tóxico a la mente, cuerpo y espíritu, y afecta a los tres simultáneamente, y eventualmente infecta nuestras relaciones. El estrés impacta negativamente nuestra función mental, incluyendo la pérdida de memoria, y estrés físico como el dolor crónico y la enfermedad. Estos pensamientos negativos, los cuales se originan en las malas actitudes y hábitos emocionales, pobre autoestima y limitaciones imaginarias, nos causan tremendo estrés. Toda esa negatividad se traduce en reacciones bioquímicas en el cuerpo.

En lo que respecta el impacto de las reacciones bioquímicas en el cuerpo y la mente, éstas pueden ser positivas o negativas. Por ejemplo, el estrés produce cantidades toxicas de cortisol, un químico que viaja a el cerebro y afecta las células en el cerebro, tanto así que puede empezar a matarlas. Estudios recientes han determinado que existe un vínculo entre el estrés y la producción excesiva de cortisol, con la pérdida de la memoria relacionada con el envejecimiento, y con el Alzheimer's. ¿Alguna vez ha tenido uno de esos días donde usted se siente extremadamente estresado y se le olvidan las cosas, tales como el lugar donde puso sus llaves, los detalles ordinarios o las citas u obligaciones? Eso se debe al exceso de cortisol, lo que afecta las funciones del cerebro al crear una pérdida de memoria temporal. Si esto continúa, usted estará arriesgando un daño permanente a su cerebro. La depresión también crea reacciones químicas negativas en su cuerpo. Si su estado mental es continuamente negativo, la producción de estos químicos incrementa, a tal proporción, que perdemos el control y necesitamos buscar terapia en combinación con medicación. Éstas son nada más algunas de las razones por las cuales el crecimiento personal es crítico para enfrentar y aliviar el estrés. Es un proceso continuo que efectivamente mejora nuestra visión del futuro, y por lo consiguiente, nuestras decisiones.

En el lado positivo de las reacciones bioquímicas, el ejercicio llenará su cerebro de endorfinas y lo pondrá en un mejor estado mental. El reírse y sonreírse puede mejorar su salud, al igual que el emprender proyectos más creativos- tales como la pintura, canto o el tocar algún instrumento. Sin importar su habilidad, la simple integración de estas prácticas le fortificará y mejorará su función cerebral. Dr. Eric R. Braverman, autor de "The Edge Effect", escribe como estas actividades producen ácido butírico gamma amino, lo que produce un efecto calmante, y puede ajustar y aumentar la capacidad del cerebro. Él también cita que la alimentación apropiada del cerebro puede tener un impacto dramático en la calidad de nuestras vidas, incluyendo el revertir o prevenir los efectos debilitantes de la vejez.

Como seres humanos, somos resistentes y podemos aguantar bastante estrés por un largo tiempo, antes de que sus efectos devastadores se manifiesten en una enfermedad. No espere ese momento, o piense arrogantemente que eso no lo afectará a usted. Esta actitud no lo beneficiará. El estrés crea escasez de energía a través de todo nuestro sistema, y es perjudicial a su salud mental y física. Todo lo anterior requiere nuestra atención.

Miedos de cualquier índole aumentan el estrés. Los ataques de pánico, alta ansiedad, fobias, hostilidad y violencia, todos se derivan del exceso de estrés. También, el estar alrededor de gente afectada por alto estrés induce estrés. ¿Limita usted estas interacciones? ¿Es usted selectivo cuando se trata de elegir la gente con la que socializa día a día, enfocándose particularmente en si estos lo apoyan o lo desinflan? La gente puede causar estrés. Disculpa usted a los miembros de su familia, o a sus amistades cercanas, quienes se reúsan a controlar sus arranques, berrinches y otras reacciones extremas, justificándolos como "Bueno, así son". Muy a menudo tendemos a igualar la personalidad con la conducta. Muchos de nosotros dejamos que este tipo de gente se comporte así para no causar enfrentamientos y malos ratos, y porque argumentamos que no hay nada que podamos hacer. ¿Por qué? Porque es más fácil no lidiar con nuestro propio temor de confrontación, venganza o criticismo. Este tipo de actitud, no nada más atrae a este tipo de persona y su conducta hacia nosotros, sino también empieza a hacer una huella permanente en nuestras células como negatividad, lo que induce estrés y consume nuestra energía.

Cada vez que usted reacciona con temor, en vez de amor, el estrés lo ataca. Las relaciones malas, al igual que los malos empleos y medio ambientes, causan estrés. Los ruidos altos, fechas límite, los calendarios sobrecargados- todos causan estrés. ¿Dónde marcará su límite y elegirá opciones que lo lleven hacia al cambio positivo? ¿Qué actividades le ayudarán a reducir su estrés? ¿Su salud general y su balance son lo suficientemente importantes para integrar estas actividades? O ¿aún está usted muy ocupado sosteniendo su máscara, tratando de mostrar al mundo exterior lo que estos quieren creer, en vez de mostrar lo que usted en verdad es?

Le guste o no, excusa o no excusa, este es el momento en que usted tendrá que tomar una decisión importante. **¿Me honraré a mí mismo o no?** ¿Me importará mi bienestar lo suficiente para hacer cambios positivos que sé debo de hacer? o ¿continuaré posponiéndolos? No hay lugar para posponerlos si usted contribuirá lo mejor de usted a sí mismo y a otros– especialmente si usted está creciendo a niños quiénes lo ven a usted como un ejemplo. ¿Me respeto, me admiro y me quiero lo suficiente para hacer lo que es mejor para mí, para poder hacer lo que es mejor para otros? ¿Me dedicaré a aliviar mi nivel de estrés? o ¿insistiré en que simplemente no tengo suficiente tiempo? ¿Qué será?

Es imperativo que usted no se estrese cuando hace cosas positivas que se convierten en negativas porque usted no usa su compás interno- ese compás llamado su inteligencia innata, la cual lo guía y le dice cuando ha llegado a su límite. Por ejemplo, usted ha tenido uno de los días más difíciles en la oficina, o usted es un padre que ha estado llevando y trayendo a sus hijos a la escuela y a sus actividades extra-escolares, además de haber tenido que lidiar con un técnico de cable sin intención de cooperar y una cajera con una mala actitud. En vez de llegar a su casa y sentarse en su sillón preferido, subir sus pies, y tomar una bebida, usted insiste en hacer ese programa de ejercicios que empezó la semana pasada. Usted está decidido a perder esas pulgadas y libras extras. Aunque totalmente fatigado, usted aún hace su ejercicio. El resultado es aún más cansancio, tanto que su cuerpo está sobre-estimulado y estresado, lo que más tarde comprometerá su habilidad de dormir. Al día siguiente, empieza aún más fatigado y estresado, lo que perpetúa el círculo vicioso de eventos estresantes. Tomemos un respiro profundo. **Lo que todo esto nos dice es que necesitamos evitar el exceso en lo respectivo al ejercicio, la dieta, el auto-análisis y todas las actividades que nos induzcan estrés.**

No hay necesidad de esconder nuestra cabeza en un hueco pensando que no hay esperanza. Todos sentimos estreses similares. Hay cosas que usted puede hacer para aliviar el estrés. El desarrollar estrategias para lidiar con el estrés es importante, y es posible que usted ya haya desarrollado algunas. El apoyo social es usualmente fácil de encontrar e incluye un masaje, o el llamar a algún amigo. Léa un libro, véa una película o cocine una comida exótica. Cualquier cantidad de tiempo dedicado al descanso disminuye el desgaste de nuestro cuerpo y mente.

Si usted ha decidido embarcarse en el camino del crecimiento personal, el dedicarse a trabajar en su conducta negativa aprendida reducirá su estrés. No habrán más respuestas negativas de que preocuparse ya que sus reacciones habrán cambiado a positivas— particularmente durante los momentos difíciles. A lo mejor usted está integrando el proceso de mente sobre materia. Este ejercicio puede consistir simplemente en decir palabras, el reusar el aceptar que la negatividad lo afecte. Y usted lo hace sin importar las consecuencias. ¿Alguna vez ha notado a esas personas que están totalmente en control de sus reacciones mientras hay caos a su alrededor? Es la mente sobre la materia, y no alguna otra habilidad extraordinaria de ser afectado menos que usted. Es una elección consiente de ser lo mejor que puede ser, aun cuando las circunstancias parecen desesperadas.

EL MANTENIMIENTO DE LA MENTE

Desatando una mente saludable y poderosa

Este es el punto donde la manera en que usted cuida de su cuerpo empieza a traerle beneficios. Los suplementos nutricionales y el ejercicio positivamente alimentan nuestra mente. Una mente y un cuerpo saludable alimentan nuestro sistema inmunológico. Si éstos no están en balance esto comprometerá su habilidad de tomar decisiones. Cuando usted está estresado, ya sea por el medio ambiente, o porque usted come demasiado o no lo suficiente, o porque todavía no ha decidido seguir el camino del crecimiento personal, usted se desgasta al agotar su energía mental. Su mente se vuelve turbia y olvidadiza y alberga negatividad, la cual afecta la calidad de sus experiencias. Usted no podrá desatar su verdadero potencial y se sentirá atrapado a lo largo de su vida. Por otro lado, si usted respeta su cuerpo y mente, recargándolos con nutrición, descanso y ejercicio, la circulación a su cerebro se acelerará. Esto estimulará una óptima salud mental, y mejorará su memoria, ánimo y concentración. Buenos hábitos de cuerpo y mente le aseguran un buen metabolismo que lo equipa con la habilidad de promover la regeneración y el incremento de energía. Si usted tiene éxito rompiendo su acondicionamiento problemático, su camino se libera de obstáculos – lo que lo pone al centro de todas las posibilidades increíbles.

DESCARGOS DE ENERGÍA versus INCREMENTOS DE ENERGÍA

Mientras en el camino hacia una óptima inteligencia innata para el balance de cuerpo mente y espíritu, hay ejercicios que puede practicar que son claramente proactivos y con resultados instantáneos. Simplemente, elimine los descargos de energía e incorpore los incrementos.

Ejemplos de descargos de energía
Empiece por dejar de quejarse y criticar. Alguna

vez ha oído la frase ¿"Si no tiene nada bueno que decir no diga nada"? Siempre es más fácil encontrar algo malo, a encontrar algo bueno. Algunas de nuestras realidades exageradas, como la de no poder encontrar el vestido adecuado para la fiesta o el no tener un carro deportivo europeo, se originan en una sociedad mimada y con recursos financieros en exceso. Reconozcámoslo, en los Estados Unidos, la mayoría de nosotros estamos malcriados, comparados con gentes que sufren de pobreza o de enfermedades mortales, o ambas. La vida es tan cómoda que el "quejarse" se ha convertido en un pasatiempo nacional. ¿Alguna vez ha escuchado la conversación de extraños en los salones de belleza, restaurantes, aeropuertos o en la sala de espera de su doctor? Mayormente, la gente está preocupada por cosas insignificantes que, por un tiempo, pueden ser ignoradas hasta que la neurosis aumenta a tal punto que incapacita su existencia. El quejarse empeora otros problemas. Usted puede perder amigos, ya que a nadie le gusta llevarse con alguien que siempre está infeliz. También, la infelicidad que usted proyecta terminará atrayendo exactamente al mismo tipo de gente hacia usted. Y aunque usted tenga crisis y preocupaciones reales, es mejor enfocar esa energía y esfuerzo a la búsqueda de soluciones positivas. **Trate de ser agradecido y apreciar lo que tiene, no lo que no tiene.** También, tenga usted cuidado cuando el criticar se vuelve crónico. Esta actividad rápidamente expone las inseguridades. La gente que critica a otros, y sus ideas, proyectan SU PROPIA infelicidad. Siempre es fácil el criticar lo que otros hacen cuando usted no está satisfecho con su vida.

Deje de asumir lo que otros están haciendo y, menos aún, lo que están pensando. Muchos de nosotros nos pasamos el tiempo imaginando que sabemos lo que otros están pensando y sintiendo, y lo que los motiva para ser lo que son. Esta preocupación con la vida de otros es poco productiva y se transforma en una inquietud y ansiedad innecesaria acerca de cosas que usted realmente no puede controlar. Primero, esas cosas son imaginarias, y segundo, ellas son probablemente negativas. La preocupación negativa induce altas dosis de estrés. De cualquier forma ¿por qué le importa? y ¿qué lo hace pensar que usted sabe? ¿Se mejora su día porque usted piensa que ha figurado el razonamiento negativo detrás de las acciones de alguien o sus pensamientos? Usted no está en la cabeza de nadie así que quédese en la suya. Su única responsabilidad es con lo que usted piensa, sus intenciones y sus acciones. El imaginarse que de alguna forma usted sabe lo que otros piensan, sus intenciones y sus acciones nada más consume energía valiosa. Si todo lo que usted piensa y hace es positivo, y se origina del amor, no hay razón para estar inquieto o preocupado. Sin embargo, si usted está sospechoso, maquilando y anticipando las cosas malas que vienen, ellas vendrán – al igual que todas esas gentes que instigan esa clase de conducta y negatividad. El estar continuamente asumiendo lo que otra gente está pensando y sintiendo es un indicador claro de que usted tiene sentimientos negativos pasados sin resolver. Escuche muy cuidadosamente de lo que usted acusa a otros de estar pensando o sintiendo- esas acusaciones generalmente se refieren a la manera en que usted se siente acerca de sí mismo. Esto también se aplica a lo positivo. Si usted está ocupado pensando acerca de todo lo que es bueno, particularmente acerca de la gente y sus acciones, usted atraerá todo lo que es bueno. Más acerca de este tópico será discutido en el capítulo acerca del espíritu. Además, hay una mejor forma de saber lo que la gente está pensando y sintiendo, ¡PREGUNTE!

Deje de usar etiquetas y categorías – en lo que usted hace y cómo piensa. Esta actividad es la idea de lo que alguien más juzga es aceptable o no. Todos tenemos una mente que funciona independientemente ¡así que usémosla! No se porte como un niño que necesita guía y aceptación. ¿No le parece que el mundo es suficientemente diverso para satisfacer sus necesidades, o deseos, sin tener que moldearse a un patrón o categoría "correcta"? O ¿se apoya usted completamente en otros abandonando toda responsabilidad hacia usted mismo y sus acciones? **¡Piense por sí mismo!** El pensar es parte de una mente activa y saludable que no tiene miedo de expresar sus pensamientos e ideas. Recuerde que usted no necesita estar correcto para expresar una opinión. Cuando se trata de la vida, el estar en lo correcto es subjetivo-y todo es acerca del alimentar un ego hambriento. No importa quién es usted, nadie tiene la idea correcta.

Si usted abandona el uso de las etiquetas, la presión cesará inmediatamente. A usted no le importará más si lo que usted se pone, lo que piensa o como se siente, es apropiado. Este proceso lo llevará más y más cerca hacia su esencia – la esencia de lo que usted realmente es- sin incomodidad. Es una forma de vivir más fácil porque abandona los estreses sociales innecesarios y permite el fluido constante de energía.

Combata la tentación de escuchar a otros cuando su guía interna empieza a protestar. Este es el momento cuando alguien insiste que usted se siente de una manera, mientras todo dentro de usted le dice que debe de rechazarlo. No importa que tan buen intencionada la persona sea o su consejo. No ignore su compás interno cuando este le indica ir en la dirección opuesta. En vez, ponga atención y escuche su consejero natural. Este nunca le llevará en la dirección equivocada porque todo el tiempo usted estará conectado con sí mismo. Consecuentemente, lo que usted haga será lo correcto para usted. Inclusive los errores, si decididos por usted, serán productivos. Ellos aumentan su resistencia, lo que lo ayuda en el próximo obstáculo. Nuestras decisiones, triunfos y errores son lo mejor para nosotros y son más fáciles de aceptar, ya que son nuestros, y no los de otros. Pero usted no está solo. Todos buscamos comodidad cuando nos encontramos en el centro de un dilema. Todos esperamos que las respuestas sean fáciles y servidas en una bandeja de plata. No se engañe y póngale atención a su director interno.

Deje de hacer excusas cuando la verdad es que usted no puede admitir que no está dispuesto a cambiar y tomar una decisión. El pensar y reconsiderar, y el echarle la culpa a extraños por su indecisión, es una pérdida de energía. Por ejemplo, usted puede estar pensando el mudarse a un nuevo vecindario o ciudad porque siente que donde está ya no tiene oportunidades. Sin embargo, usted ha estado hablando acerca de esto por años. Usted cita toda clase de razones; no tiene suficiente dinero, no puede encontrar el apartamento adecuado, no está seguro de poder encontrar buenas amistades en ese lugar, y así por lo consiguiente. O, a lo mejor, usted continuamente hace excusas del porque no ha dejado una relación que dice le hace infeliz. Usted continúa diciendo que no es el momento adecuado, o que usted no quiere herir a su pareja. O a lo mejor, usted ha estado hablando de escribir la gran novela americana y no ha escrito ni siquiera un capítulo. En cualquiera de los ejemplos mencionados, en vez de admitir a sí mismo que puede que no esté listo para tomar una decisión, o no quiere, usted se dedica a torturarse mentalmente.

¿No sería más productivo si usted cambiara hacia una dirección positiva y utilizara su energía para encontrar soluciones o mejores opciones? Deje de hablar de cosas que no está preparado para hacer. Si no las va a hacer, entonces no las haga. Y si está listo ¡HAGALAS! Decida hacerlo o no hacerlo, cambie o no cambie-pero deje de inventar excusas. Esta actividad induce estrés al desmotivarlo aún más, y se vuelve cansado y repetitivo para aquellos a su alrededor.

Relacionado con el tópico anterior, debemos de mencionar una gran realidad del siglo veintiuno-**tiempo**. ¿Qué tan a menudo se dice a sí mismo? "No tengo tiempo", aquí le doy una simple definición de esta excusa sobre usada. Esto es lo que decimos cuando lo que en realidad sentimos es "No quiero tomarme el esfuerzo requerido para hacer éste cambio, o cambios, en este momento". Sea realista. Todos tenemos límites o pendientes que ponen demandas en nuestro tiempo, pero cuando decidimos que algo es prioridad, de alguna forma lo hacemos.

Hay otro tipo de excusa que debe ser eliminada cuando elegimos. **No justifique sus acciones malas con excusas.** Por ejemplo, porque su relación sufre de algunos problemas sin resolver, usted decide tener una aventura y la justifica culpando a su pareja por injusticias, su falta de atención hacia usted o su obvia indiferencia hacia sus sentimientos. Deje de pretender. Su tarea consiste en hablar acerca de sus sentimientos con su pareja. Continúe o sálgase de la relación, pero **no** escoja una conducta mala llena de excusas.

Un último comentario, trate de reducir la cantidad de noticias que usted absorbe, ya sea a través de la televisión o el internet. Demasiadas noticias son una fuente de estrés y nos mantienen sobre-estimulados. El medio visual es el peor medio cuando se trata de imágenes, sonido y luces con alto estrés. Ellos son exagerados a propósito para capturar nuestra atención.

Ejemplos de Incrementos de Energía

Enfóquese en una solución y apártese del problema. El problema estará ahí, la diferencia será que no confundirá sus pensamientos cuando una crisis requiere una mente clara. Cambie de lo negativo a lo positivo- busque soluciones en vez de quedarse atorado en auto-compasión. Mientras más coordinado esté usted con su compás interno, mucho más probable será que lo que escoja sea la mejor elección para usted. Mientras más piense y se enfoque en soluciones, más posibilidades encontrará. Encuentre el lado positivo y sepa que uno existe – sin que importen las circunstancias.

Sea positivo, hasta exageradamente positivo en todo. No tenga miedo de pensar en grande cuando se trata de cosas positivas. Exceptuando la muerte, nada es el fin del mundo. ¡Una solución positiva existe! así que ¡encuéntrela!

Esté consciente de sus pensamientos, intenciones y acciones. Utilice un esfuerzo consiente de poner su mejor esfuerzo al frente. Conscientemente compórtese con una actitud positiva, y mientras usted camina en el camino de la vida, **esté consiente de otros y ¡trátelos de la manera en que usted quiere ser tratado!** De esta forma usted puede apreciar la maravilla de cada experiencia, mientras brinda una conciencia positiva de lo que lo mueve a usted y a otros. Si usted es negativo en sus pensamientos, intenciones y acciones, los momentos extraordinarios en la vida, definitivamente, le pasarán inadvertidos.

Viva nada más en el presente. Nuestro pasado y futuro es lo que nos detiene después del miedo. Viva en el presente, pero entienda su pasado para entender cómo impacta su futuro.

Haga amigos de todas las edades. Esto le ayuda a tener una perspectiva balanceada y a expandir su propia versión de la realidad.

¡Cultive una mente fértil! Aprenda a hacer cosas nuevas. Aunque usted haya terminado su educación formal, o no, continúe aprendiendo y ¡aprenda de otros! Información nueva reta su mente y la mantiene activa. Si su aprendizaje se estanca, también su mente lo hará. Para que su cerebro funcione, usted necesita usarlo. Las tareas simples cuentan, como el participar en juegos, escribir, pintar, leer, conversar y el intercambio de ideas; todas mantienen las conexiones entre las dendritas trabajando, de alguna forma, para permanecer saludables y fuertes.

Encuentre una meta que valga la pena, si no tiene ninguna. Esta puede ser lo que usted hace en su trabajo, o uno de los muchos pasatiempos que puede le interese. Encuentre algo que lo apasione. Si no sabe qué hacer, trate de donar su tiempo y ayudar a otros que lo necesiten. Esto promueve el crecimiento personal y el aprendizaje, en vez del estancamiento. El ayudar a otros le ayuda o no enfocarse en usted y sus problemas, y expande su perspectiva. Cualquier meta que valga la pena nos ayudará cuando esos momentos difíciles en la vida se presentan. El aferrarse a una meta que lo inspire, lo ayudará a manejar esos momentos difíciles, a pesar de lo que no esté trabajando en su vida. Esto entonces lo propulsará en la dirección donde usted podrá lograr su más alto potencial- el lugar donde usted se podrá sentir realizado y, más importante, el lugar destinado para usted.

RÍA y sonría todos los días. No se tome, o la vida, tan en serio. Una mente fuerte lo puede llevar hacia adelante cuando su cuerpo es débil. Ríase de sí mismo y sus derrotas. Esta es la forma más pura de venganza en los momentos de crisis.

MEDITE–muchos de nosotros hemos considerado la meditación como algo extraño, relacionado con "gurús" y, ciertamente, fuera de nuestra cultura. De hecho, la práctica de la meditación en sí se originó en el Oriente, pero ¿sabe qué?, en una forma más informal, usted ya la práctica. La meditación es el pensar, deliberar, considerar, contemplar, y/o reflexionar. Usted ya la ha estado practicando a través de la implementación de su crecimiento personal. Sin embargo, si usted quisiera explorarla aún más, la meditación formalizada puede ser precisamente lo que usted necesita. El meditar puede ser difícil, pero nada más porque usted no ha entrenado su mente para apagar el ruido en su cabeza. Esto toma paciencia. Le animamos a investigar y practicar la meditación pero, sin tomar en cuenta su interés personal, considere la práctica de lo siguiente:

Trate de integrar la siguiente disciplina durante momentos de estrés alto, pánico o ansiedad. Esto está basado en el ejercicio básico yogui de respirar 4-7-8, el cual fué introducido por el Dr. Andrew Weil, hace varios años. Este ejercicio es una manera simple de relajarse y mejorar la circulación de la sangre, lo que reducirá su presión arterial. El respirar 4-7-8 también calma y tranquiliza nuestra respiración. Los números 4-7-8 se refieren a los segundos que usted cuenta mientras respira hacia adentro o hacia afuera. Para contar un segundo con precisión, siga cada número diciendo la palabra "Mississippi." Por ejemplo, uno Mississippi, dos Mississippi, tres Mississippi, y continúe. Empiece sentado derecho inhalando aire tan profundamente, como le sea posible, por cuatro segundos. Abra su diafragma lo más posible forzando aire hacia adentro. Sienta su caja torácica expandirse. Aguante por siete segundos (lo que puede ser difícil), entonces descargue el aire por ocho segundos empujando todo el aire hacia afuera. Usted encontrará que ocho segundos puede ser un rato muy largo, así que exhale ruidosamente hasta que cada segundo es contado en su mente.

Después de tres o cuatro veces de respirar 4-7-8, usted se sentirá rejuvenecido, y si está interesado en meditar, usted estará listo para enfocarse en su aliento y el sonido de su respiración. Tiene un efecto calmante, lo cual le invita a silenciar su mente de su dialogo interno, la turbulencia de la negatividad y los pensamientos estresantes. Sepa que el proceso de meditar, para lograr la calma, puede tomar mucha práctica. Todos hemos estados programados a vivir una vida de mucho estrés, lo que nos impide el calmar nuestras mentes. Tenga paciencia cuando esté practicando el arte de la meditación.

Finalmente, llene su alrededor de cosas bellas que le brinden placer. Disfrute de la naturaleza. Calme sus sentidos. Traiga flores, música, comida y gente- cualquier cosa que anime su espíritu.

V.

EL ESPÍRITU

El espíritu es el lugar donde se origina su compás interno, la esencia de lo que usted realmente es. La composición idiosincrática de su individualidad– las habilidades, talentos, metas y sueños – las cualidades esenciales de lo que lo hace diferente a los otros- radica en su espíritu. Esta parte de usted está vinculada inextricablemente a su cuerpo y a su mente. Como la mente, el espíritu no es físico, pero es una fuente de energía poderosa. Nuestro espíritu, nuestra alma, tiene ventajas específicas. Es vibrante e intuitivo dinámico y creativo. Es fuerte, confidente y aguantador. El espíritu es una FUERZA DE VIDA tan fuerte que se puede manifestar como su "voluntad" de vivir. Si analizamos ese cliché, en el caso en que nada más trabaja para salvarnos la vida, nuestra voluntad tiene el poder de mantenernos vivos. Esa "voluntad" nos da la fuerza para sobrevivir, perseverar y lograr, y puede vencer cualquier obstáculo percibido. El espíritu es la fuente más poderosa de energía que sustenta nuestra existencia.

Cuando alimentamos este componente extraordinario producimos un espíritu fuerte, saludable y alerta. A la vez, nosotros desarrollamos la habilidad de desatar todas las oportunidades y posibilidades. Este conocimiento nos da la fe necesaria para llevar a cabo nuestros planes y metas. El espíritu inspira ideas inalteradas y la imaginación, y es una guía estable para toda la vida. No hay estancación, confusión o miedo. Usted se queda simplemente con la habilidad y la fe de que puede conseguir y realizar cualquier cosa. El desarrollar y el practicar la espiritualidad desata un espíritu poderoso que, a la vez, crea un cuerpo y una mente más fuerte–dirigiendo resultados y energía positiva. Esta energía intangible supera tormentas naturales y atrae lo necesario para lograr sus metas a lo largo de su vida.

Los antiguos griegos (primeramente mencionados por Galen, un doctor y filósofo griego ca 130-ca 210 AD) creían que la esencia del alma humana (espíritu) se encontraba en la glándula PINEAL, un órgano del tamaño de un chícharo localizado en el centro del cerebro. Conocido como el "tercer ojo", este centro intuitivo se empezó a mencionar particularmente por aquellos con el don de la intuición y clarividencia extraordinaria. Por igual, históricamente este órgano ha mantenido respeto y reverencia entre muchas culturas, antiguas y modernas. Renee Descartes, un filósofo y matemático francés, documentó, en más detalle, la esencia de la glándula pineal. En 1888, Helena Petrovna Blavatsky, fundadora de la Sociedad Teosófica, reiteró la creencia en la conexión espiritual, citando la glándula pineal como el "Ojo de Shiva" de los místicos hindú, y como el órgano de la visión espiritual.

Hacia los finales de 1950, la investigación validó este pequeño órgano como el centro cognitivo e intuitivo. Los científicos descubrieron que las secreciones químicas de la glándula pineal ayudan a instilar individualidad y creatividad, regulan y producen las emociones eufóricas, mitigan el estrés y la ansiedad y son responsables por las conexiones espirituales entre las dimensiones. Aún más, los físicos han podido determinar el peso de la energía en nuestro espíritu cuando morimos llegando a los veintiún gramos. Cuando morimos, la energía de nuestro espíritu escapa hacia la atmósfera, claramente consumiendo esa energía en otro mundo, uno que no es material. ¿Qué es ese mundo? y ¿cómo nos podríamos comunicar con él? Todavía se está debatiendo, pero los científicos han estado ocupados tratando de refutar la existencia de la vida después de la muerte. Hasta ahora sin éxito. Sin embargo, para nuestros propósitos, esta información esta supuesta a validar la idea de que, como seres humanos, poseemos el poder del espíritu-pero, generalmente, abandonamos la práctica del elemento singularmente más importante de nuestra existencia dejando su potencial a la deriva.

Con toda esa habilidad dentro de nuestro espíritu, imagine lo que sucede cuando el estrés penetra nuestro sistema y retrasa su función normal. No dormimos, carecemos creatividad, nuestras emociones se apagan, la individualidad desaparece y la desesperación se propaga. El estrés infecta nuestro sistema cuerpo/mente por completo. Cuando estamos enfermos físicamente hay una enfermedad exterior y obvia que hay que curar. Cuando nuestro espíritu está enfermo la enfermedad es interna, y aunque logremos éxito en otras áreas de nuestras vidas, continuamos sufriendo o sintiéndonos insatisfechos y extraviados. Si la "voluntad" muere, aún con nuestra aparente salud física y mental, morimos. **El espíritu es nuestra fuerza de vida y se fortalece con el desarrollo espiritual.**

Primero, nosotros debemos establecer el verdadero significado del espíritu y la espiritualidad. La espiritualidad *NO* es Religión, Nueva Edad o cualquier otra institución organizada por el hombre. La religión es cultura, por lo que existen muchas religiones diferentes. Sus reglas y leyes reflejan más bien el deseo de una sociedad por espiritualidad y liderazgo moral, a la vez que definen e interpretan sus conceptos. La cultura y tradición pueden ser bellamente expresadas a través de la religión y sus enseñanzas. La historia, el folclor y los rituales son mesclados para cultivar una vida con significado. Como leyes, la religión intenta utilizar, conectar y crear un sentido de orden. Como resultado, la sociedad ha establecido la religión sinónima con la espiritualidad, como si el decir que si usted es espiritual usted es religioso. Y si usted no es religioso pero espiritual, usted es "nueva edad", o algún otro grupo parecido. No es así.

Estas instituciones organizadas han convencido a muchos a creer que ellos nada más monopolizan la interpretación del espíritu y la espiritualidad. Ellas también han desanimado a muchos quiénes, por una razón u otra, no pueden cumplir con los requerimientos y reglas para ser aceptados, excluyendo a muchos quienes desearían desarrollar su espíritu. Como resultado, la sociedad se ha vuelto más secular- una actitud que en algunos casos puede ser buena al no discriminar en contra de aquellos que practican una religión-pero al mismo tiempo, una actitud que pueda haya desarrollado, o fomentado, la falta de respeto hacia la energía espiritual y la práctica de espiritualidad.

Desde los tiempos antiguos, la espiritualidad ha sido la interpretación del misticismo, primero a través de las fuerzas de la naturaleza, y después por la delineación de los dioses interpretados por los sacerdotes, los líderes de las tribus y los míticos. Más adelante, los líderes religiosos y los filósofos integraron el dogma con el misticismo, y han estado predicando su punto de vista por miles de años. Se puede entender por qué muchos de nosotros consideramos la espiritualidad como el estudio de la religión cuando, de hecho, es el estudio del misticismo. Sin embargo, es importante el mencionar que los líderes de las religiones del este y el oeste y los filósofos han estudiado el misticismo por un largo tiempo, y nos apoyamos en sus enseñanzas como la fundación de la práctica espiritual. También, lo realicemos o no, estamos gobernados por leyes espirituales. Hay muchas, y estas han sido integradas en nuestra sociedad. Por ejemplo, las leyes espirituales incluyen la del Éxito (o Abundancia), La Tolerancia, La Responsabilidad, La Integridad, El

Perdón, El Servicio y La Compasión. La lista es larga, y vale la pena explorarla. Sin embargo, esta información es solo una base para entender que estas leyes existen para explicar la naturaleza humana. Éstas también han sido analizadas para formular las leyes que aceptamos en la sociedad.

Borre la idea de que la espiritualidad = la religión, Nueva Edad o cualquier otra forma de culto organizado; o que la religión, Nueva Edad o cualquier otra forma de culto organizado = espiritualidad. En vez, hemos incluido el espíritu como el componente final de la energía que contribuye a nuestro estado de bienestar, corporal y mental. Lo que la espiritualidad es depende de cada uno de nosotros, y su práctica debe de ser determinada por nosotros también. Sin embargo es importante enfatizar que si la religión, la Edad Nueva o cualquier otro grupo, o la naturaleza en general, es su forma especial de accesar su ser interno y su relación con todo lo que lo rodea, incluyendo a Dios, utilice esta creencia como usted lo decida. Esté consciente de que hay muchas maneras de accesar el espíritu y el ser espiritual. Estamos interesados en desarrollar un balance y el utilizar su espíritu como un elemento necesario para mejorar su inteligencia innata.

Tan solo nuestra existencia nos define como espíritus y como resultado somos seres espirituales. El espíritu muestra características múltiples, pero hay tres que dominan. Primero, nuestro espíritu es nuestra alma. Eso significa que nuestro espíritu es nuestro ser interno, nuestra esencia, nuestra individualidad. Él es nuestra sabiduría interna, y está ahí sin importar lo poco o lo mucho que la utilizamos. La segunda característica es la fuerza del espíritu. La fuerza del espíritu es proyectada a través de la integridad. La integridad es el nivel de valor y base moral en que nos apoyamos para ser honestos, verdaderos y dignos de confianza-particularmente con nosotros mismos. La tercera característica de nuestro espíritu es nuestra habilidad de evaluar todo lo que sentimos. Se manifiesta como una actitud, ánimo, tendencia o sentido, de lo que realmente somos. **Si vivimos alineados con nuestro espíritu nuestra vida es una de honor y vitalidad. Vivimos con la naturaleza más verdadera y profunda de lo que somos.**

Ya que somos seres espirituales, definamos lo que significa. El ser un ser espiritual significa que somos divinos y celestiales. Como espíritu, somos virtuosos y sin fallas – sagrados y benditos. Somos honorables y entregados. Imagine. Todos estamos definidos con inmensa grandeza y posibilidad – nada podría ser más poderoso que eso y, aun así, muchos han permitido que su espíritu se mantenga dormido y poco utilizado, sin la habilidad de poder accesar nuestro derecho innato de vivir una vida con significado. Espiritualmente somos iguales y somos validados por esa descripción. **Cuando no nos desarrollamos espiritualmente estamos desconectados de esta divinidad perfecta. Esto- y nada más esto- es la razón por la cual las realidades materiales son insuficientes cuando estamos buscando el éxito en**

todos los aspectos de nuestra existencia.

Sin un cometido a nuestro desarrollo espiritual, una parte central de nuestra habilidad de vivir con éxito siempre funcionará de forma fragmentada. La energía se compensará para contrarrestar ese defecto, lo que inevitablemente causará carencias de energía. Aunque usted piense que todo está relativamente estable en su vida ¿alguna vez siente que le falta pasión o creatividad? O ¿en su búsqueda por más dirección, usted no encuentra soluciones y asume que no hay nada más que pueda hacer porque usted ya lo ha tratado todo? ¿Lucha usted con sus opciones y siente que no hay nada más que trampas de arena movediza a sus pies? A lo mejor usted está ansioso y preocupado sin poder encontrar un sentido de calma. Esto sugiere la falta de conexión con su espíritu. Nosotros descubriremos cómo desarrollar su espíritu a su más alto potencial humano. Desarrollemos la fuerza de vida que anhela pasión, imaginación, intuición y creatividad. Junto con nuestro cometido al crecimiento personal, cuando callamos nuestro dialogo interno, y lo liberamos de los malos hábitos emocionales y conceptos negativos, empezamos a accesar el espíritu. El desarrollo espiritual empezará a controlar sus impulsos negativos mentales, y esa acción convocará la energía del espíritu.

Ya sea la monotonía, curiosidad o el comienzo de alguna circunstancia o una experiencia horrible, lo que nos empuje a considerar el desarrollo espiritual, un salto de fe es definitivamente requerido. Cuando se trata de nuestro espíritu, no hay nada que lo sostenga más que aire, así que tratemos de darle algo más substancial. **El espíritu es la plataforma de la mente.** Éste mejora las habilidades de la mente y afina nuestros pensamientos y sentimientos. El desarrollo espiritual es una forma de aprendizaje de alto nivel – aprende para entender que tenemos la habilidad de ser mejor, estar mejor y esforzarse mejor. El espíritu expande esos pensamientos y sentimientos mucho más allá de las limitaciones normales. De hecho, éstos no tienen limitaciones. Cuando nos desarrollamos espiritualmente, nosotros accesamos nuestra individualidad, la cual no es como ninguna otra. Nosotros liberamos las limitaciones del mundo físico para reflejarnos con claridad. Es una especie de contrato sagrado que tenemos con nosotros mismos de ser lo mejor que podemos ser en la vida – para ser todo lo que podemos ser. Nuestro potencial fomenta la fe. Esta fe en nosotros mismos nos guía hacia el camino correcto, lo que crea un sentido de paz y aceptación en nuestras vidas. **El espíritu nos inspira a salir de la mediocridad, y nos trae satisfacción y propósito.** El accesar el espíritu empieza con la mente, la cual se torna deliberadamente más lenta-lo suficiente para penetrar la calma de nuestro espíritu. Nuestro espíritu entonces nos dirige y guía hacia nuestras habilidades naturales, y nos permite crear nuestros sueños. También, este nos hace pensar acerca de cómo expandirnos, y nos guía a través de nuestra vida. Sepa que la elección de conocer el ser supremo es lo que nos guía directamente al cielo de nuestra sabiduría interna.

EL PODER DEL ACONDICIONAMIENTO versus EL PODER DEL ESPIÍRITU

El acondicionamiento puede sofocar el espíritu y fomentar debilidad, incertidumbre y miedo. Cuando usted no fomenta su práctica espiritual, usted se apoya en información externa y tenderá a ser influenciado por factores exteriores, incluyendo las opiniones de otros. Consecuentemente, el territorio desconocido del decidir lo que va a hacer con su vida se convierte en una exploración difícil, sin importar su edad. Queremos respuestas. Si nos desarrollamos espiritualmente, empezamos a tener una fe extraordinaria en lo que creemos nos gustaría lograr– aunque inicialmente no tengamos idea de cómo lo podríamos hacer. El espíritu engendra amor y todas sus variaciones emocionales positivas tales como el valor, el cuál necesitamos cuando nos enfrentamos a lo desconocido- lo que la vida realmente es. Por otro lado, el acondicionamiento (lo que cree externamente) puede fragmentarlo al imponer opiniones contrarias a lo que usted es, lo que le impide contribuir lo mejor de usted. Es la opinión de otros la que insiste en decirle que usted no tiene lo que es necesario para transformarse en lo que usted desea, o su propia aceptación de derrota antes de considerar la batalla. O puede que usted se paralice con su preocupación exagerada de cómo lo juzgarán los otros. Como se mencionó en el capítulo de Creencias y Acondicionamiento, determinamos que el acondicionamiento se trata del imponer reglas y normas que todos debemos de aceptar. Es un proceso que nos hace creer que no tendremos otras opciones si no actuamos de acuerdo con el estándar. Como adultos, esto nos recuerda la educación y los empleos correctos para nosotros, qué y quién nos hará feliz, y la forma en que la riqueza material validará nuestra existencia. ¿No es increíble que aún como adultos nos preguntamos continuamente quiénes somos, y qué es lo que realmente queremos- todo, desde las personas con las que escogemos estar, hasta el tipo de vida que tenemos? Por otro lado, cuando usted confía en su espíritu, usted desarrolla fe en lo que cree es lo correcto para usted. Usted empieza a confiar en que lo que quiere se puede hacer, lo que usted cree es posible, a pesar de los obstáculos, y aunque haya gente que esté tratando de convencerlo de lo opuesto. El poder del espíritu le permite conseguir exactamente lo que usted quiere, a su manera, sin sentirse presionado, incómodo o amenazado, al seguir lo que usted realmente desea. Cuando usted se apoya en su espíritu, usted no se siente amenazado o temeroso, de nada o nadie, y si lo está, usted está preparado para pelear con la sabiduría y el valor del espíritu.

LIMITACIÓN versus EXPANSIÓN

Sea lo que sea, en el mundo físico, siempre hay un comienzo y un fin. Entonces, es lógico pensar que hay límites en lo que es posible realizar en el mundo físico. **El espíritu no tiene limitaciones.** Este poder se encuentra dentro de cada uno de nosotros y, cuando lo accesamos, nos permite imaginarlo todo más grande y mejor. Por ejemplo, esto permite que un doctor pueda imaginar una cura y que un arquitecto se imagine un edificio como ningún otro. Le permite a un atleta imaginarse el romper un record, y a cualquier persona ordinaria imaginarse la fama de ser una superestrella. El espíritu motivó la idea del aeroplano, el teléfono, la computadora y el viaje en el espacio. Cualquier cosa o persona que impone límites, o demarcaciones de finalidad, es limitado por definición. La historia nos continúa demostrando que las "ideas" están evolucionando perpetuamente a través del tiempo. Las barreras se rompen, los conceptos se expanden y el cambio toma lugar. **El pensamiento finito es igual al acondicionamiento,** y otra vez necesitamos preguntar, "¿Qué es el acondicionamiento? y ¿qué es lo que no es?" cuando tratamos de definir cómo nos sentimos verdaderamente.

Cuando nos conectamos con nuestra energía espiritual, entramos a un mundo de expansión sin límite. El espíritu se transforma en la fuente más dominante de energía – no tiene limitaciones, de forma que vence las fuentes de energía emanando del cuerpo y la mente. Sin embargo, cuando usted utiliza todo su campo de energía, incluyendo cuerpo, mente, y espíritu, el resultado es dinámico. Este tipo de energía fomenta una visión de que absolutamente todo es posible. Nuestro espíritu nos da la convicción para ignorar todo lo que percibimos como obstáculos. Esto no significa que no los vemos, sino que aprendemos a tratar esos obstáculos como parte del plan. Como resultado, nuestro entusiasmo florece y no nos distraemos con percepciones negativas. **El espíritu nos da la confianza y la perseverancia necesaria**

para hacer todo lo extraordinario.

Muchos de nosotros hemos implementado cambios positivos para mejorar nuestro cuerpo y/o mente, sin embargo hemos hecho muy poco o nada para desarrollarnos espiritualmente. El resultado de esta inconsistencia es que nuestro equilibrio no es ideal. Inconscientemente, usted estará compensando su energía para equilibrar esa falla, lo que causa que esos desequilibrios de energía continúen. Estos desequilibrios aparecerán en forma de disgusto, vacío o confusión-inclusive cuando usted ya haya analizado lo que considera son sus problemas. Estos sentimientos persistentes puede que no sean evidentes, pero su búsqueda por más significado persistirá y continuará consumiendo su energía. Usted no podrá operar óptimamente y la calidad de su vida será comprometida. Esto no significa que su vida parezca ser inadecuada por fuera, pero sí significa que usted no operará a su potencial más alto, lo que consecuentemente limitará las posibilidades y oportunidades en todos los aspectos de su vida. *Eso* le roba energía. Nuestra meta es el revelar el poder del espíritu y encontrar nuestro balance para que podamos desarrollar nuestro potencial más puro.

LA FACTIBILIDAD DEL DESARROLLO ESPIRITUAL

Debemos de empezar por reconocer la existencia del espíritu y aceptar que somos seres espirituales. Si usted no siente la diferencia, por lo menos aprenda a confiar en que el espíritu existe. **Empiece por**

considerar su espíritu como una prioridad. Entonces considere que primeramente somos seres espirituales y después seres físicos. ¿Por qué? Porque cuando nos vemos primero como seres físicos nuestra realidad total es una de límites, y las limitaciones que existen en el mundo físico. Consecuentemente, es obvio pensar que en el sentido físico y, basados en su definición, todos tenemos limitaciones físicas, incluyendo la muerte. *Eso* limita lo que pensamos lo que en turno limita nuestro espíritu. Si no nos vemos como espíritu, nuestras perspectivas continuamente se enfocan en los límites del mundo físico, lo que nos limita, y nuestro camino correcto hacia una vida con significado.

Sepa que la biología (nuestro cuerpo físico) es meramente la representación de quienes somos – la reflexión. El espíritu es necesario para desatar su potencial- y nosotros estamos naturalmente atraídos a él. ¿Alguna vez ha notado a personas que, sin importar su físico exterior, destilan tanta energía positiva que su belleza se manifiesta en un aire de estar vivos, exuberantes y confidentes? ¿Y no importa cómo o cuando, sentimos la necesidad de ser parte de eso? Todos tenemos esa vitalidad dentro de nosotros. En todo lo que hacemos, nuestro espíritu nos distingue con todo lo que son nuestras decisiones. Nuestra huella personal es lo que puede crear logros extraordinarios y nos puede guiar hacia la más alta calidad de vida. Si nuestras elecciones no son realmente nuestras, sino las de otros, nuestro espíritu permanece inactivo en nuestro espacio de energía, sin poder alimentar nuestro potencial más alto. Atamos nuestra fuerza de vivir porque nuestro espíritu sólo se despierta cuando nosotros lo despertamos, no cuando alguien más lo despierta.

El evaluar nuestras creencias, y el tomar elecciones que son realmente nuestras, es crítico a nuestra experiencia. Dr. Bruce Lipton, autor de "La Biología del Creer", prueba como nuestras emociones regulan su expresión genética, y que no somos víctimas de nuestros genes. Este entendimiento es un marcador de la evolución humana, y comprueba el por qué necesitamos evaluar nuestras creencias. Si nuestros pensamientos y nuestras creencias tienen el poder de alterar nuestro DNA, y si creamos perspectivas negativas de lo que podemos lograr, no podemos escapar la prisión de ser víctimas. El libro enfatizó que en vez de estar limitado por los puntos de vista de la sociedad, estamos limitados por nuestros genes. **Podemos vivir para desatar nuestro verdadero potencial espiritual al transformar nuestras creencias.** Este proceso requiere que conectemos con nuestra energía espiritual – quiénes somos realmente- para poder vivir el tipo de vida donde todo es posible.

Todos nos enfrentamos a retos en la vida, pero ¿cuál es el momento cuando nuestras elecciones violan lo que realmente somos? Si no desarrollamos nuestra espiritualidad, no nos estamos comunicando con la parte de nuestro ser que desea una mejor calidad de vida – la parte de nosotros que entiende que podemos tener algo mejor y ser mejor. Como lo mencionamos en el capítulo de *La Mente*, nuestras creencias temerosas distorsionan la realidad, y estas creencias nos impiden el conseguir lo queremos. Cuando el miedo es parte de nuestras vidas, esto influencia como nos expresamos y como nos comunicamos con el mundo. Nuestra tendencia es el no confiar que todo saldrá bien. Si no desarrollamos nuestra espiritualidad, nuestra comunicación interna será basada en miedo, lo que detendrá nuestra habilidad de progresar.

Quiénes somos (el espíritu) y lo que creemos (la mente) son inseparables. El no saber quiénes somos nos arrastra hacia realidades que siempre estarán incompletas, confundidas o sin cometido-donde esas voces crueles y diálogos negativos internos tienen la oportunidad de golpearnos repetidamente. Sepa que esas son las voces que definen substancialmente lo que usted puede experimentar en la vida. Esas voces están ahí esperando pacientemente, mientras nuestra vida se desenvuelve, para presentarnos con una colección de circunstancias negativas. Estas circunstancias nos dán la oportunidad de aprender acerca de nosotros mismos. ¿Aprendemos y evaluamos los límites ilusorios del miedo?, o ¿ignoramos la situación como si fuera un evento negativo accidental? No importa lo que escojamos hacer, nuestro espíritu tiene el deseo de sentir lo mejor de la vida, un deseo de ser entendido, pero eso incluye lo que tememos –una creencia que necesitamos vencer. No podemos lograr lo que queremos en la vida si no reconocemos nuestros miedos. El evitar nuestros temores nos hunde en depresión, ansiedad y enfermedad física.

Por ejemplo, si su amor propio sufre de una manera que le dice que usted no vale, su vida lo proyectará. Usted terminará en situaciones donde usted sentirá y creerá que usted no vale. Otro ejemplo que aplica es cuando usted se encuentra frecuentemente con gente en la que usted no puede confiar. Puede que usted tenga problemas confiando en otros- no porque esas personas sean o no sean de confianza, pero porque sus sospechas invitan a aquellos que no son confiables. Lo que termina sucediendo es que lo que somos (espíritu) se combina con miedo (generado por la mente) y creamos situaciones enfermizas y escogemos mal. Empezamos a disfrazar este miedo creando necesidades que parecen razonables e ideas de cómo debe ser la vida, y nos convertimos en prisioneros de estas percepciones. Cambiamos quienes somos (nuestro espíritu) de algo positivo y beneficioso- a confusiones negativas de la vida y de lo que somos. Esto no causará enfermedades, ya sean físicas o mentales, o ambas. **El desarrollo espiritual nos ayuda a deshacernos del miedo al incrementar nuestro conocimiento, sabiduría y entendimiento de lo que somos.**

Sin embargo, sin importar donde estemos en el entendimiento de nuestro espíritu, esta energía excepcional tiene una manera de imponer su virtud. ¿Alguna vez ha tenido uno de esos momentos donde usted finalmente realiza que su decisión de hacer algo es tan correcta que desata la clase de reto en contra de lo que originalmente había pensado en su contra que de alguna manera usted actúa? O, ¿a lo mejor usted ha tomado la decisión que lo libera de la presión que usted ha estado sintiendo por un largo tiempo? ¿Alguna vez ha tenido uno de esos momentos en que la luz se prende y lo libera de su pensamientos limitados- y de repente usted se convence de que lo usted quiere es posible? Esto es lo que es sentir la energía del espíritu, los momentos en que sentimos lo bueno de lo que somos, y es la clase de energía que positivamente intensifica aquello que queremos lograr. La energía del cambio es la que nos cura con respeto, admiración y amor hacia uno mismo.

La reflexión atenta es la manera más importante de accesar el espíritu. La reflexión atenta mejora nuestra concentración y nos permite enfocarnos en un pensamiento a la vez. El cambio específico hacia una atención más enfocada abre la puerta a la virtud del espíritu. Ya sea que lo llamemos meditación, rezo o reflexión atenta, debemos de adoptar esta práctica como el camino hacia un ser mejor y más elevado. Sin enfoque atento el mundo físico se interpondrá, lo que limitará nuestra habilidad de accesar el espíritu. El espíritu no es material y requiere paciencia para que este elemento poderoso emerja. Entienda que **la paciencia es nada más el entrenamiento necesario para permitir que la mente se separe de los problemas y disgustos diarios,** y es la única forma de penetrar nuestra sabiduría interna. La calma es requerida para accesar el espíritu, y la paciencia nos provee la claridad para pensar y el tiempo para conocernos a nosotros mismos. Al practicar la paciencia nosotros creamos la fortitud para evaluar y poner a prueba nuestros ideales. Cuando vemos que nuestras metas son posibles empezamos a utilizar la fe. **La fe engendra confianza**, lo que nos provee la persistencia para entendernos a nosotros mismos, para tolerar dificultades y para considerar la exploración de otras posibilidades ventajosas. Esto crea una plataforma óptima de energía positiva que alimenta nuestro sistema completo de cuerpo/mente.

El honrar el espíritu es el honrarse a sí mismo. Esto empieza con el honrar su cuerpo/mente. Sin embargo, a pesar de honrar estos componentes, habrá momentos cuando el cuerpo/mente es insuficiente para maniobrar nuestro éxito sin el espíritu. En nuestras mentes, puede que sepamos lo que queremos, pero la dirección es incierta. Eso nos puede asustar, y dado que la mente es flexible, nosotros imponemos (con el poder de nuestra voluntad) lo que nuestra mente debe pensar y creer. Si honramos el espíritu al honrar lo que realmente deseamos, el espíritu nos da el valor para seguir adelante, aunque no tengamos todas las respuestas, y ejecuta todos los cambios que deseamos. El miedo es forzado hacia un lado lo que nos inspira a confiar que lo que nos espera será extraordinario.

Si honramos nuestro espíritu, al tomar la decisión consiente de desarrollar y alimentar su existencia, automáticamente nos acercamos a quienes realmente somos y no a aquella persona que se esconde detrás de las máscaras. Seamos realistas con el trayecto de la vida. Estamos buscando respuestas y el mundo material, no siempre nos da las soluciones. El accesar el espíritu significa el penetrar lo más profundo de nuestro ser para entrar a ese campo sagrado. Es un salto de fe hacia algo más alto e intangible. Olvídese de aquellos que nada más creen en el presente y están ocupados intelectualizando nada más a través de las realidades físicas. Los escépticos, de cualquier índole, generalmente encuentran refugio nada más en lo que ellos pueden entender o comprobar, de nuevo exponiendo su razonamiento limitado. En lo referente a la espiritualidad, esta es otra forma en que el acondicionamiento influencia nuestra mente. Trate de explicar el sentimiento del enamoramiento y de dónde viene, o más importante, por qué usted cree en sí mismo. Es intangible; y sin embargo lo suficientemente poderoso para escalar cimas.

¿Qué sucede cuando honoramos nuestro espíritu a través de reflexión atenta? Nosotros empezamos a sentir la evolución de la intuición que inspira soluciones. Nuestro propio camino se abrirá al descubrir todas las posibilidades. Esta revelación es tan precisa que las soluciones que resultan son los "momentos eureka" que nos dan la confianza de seguir adelante. En este proceso de revelación descubrimos la paciencia aceptando que, cuando la hora es propicia, automáticamente estaremos alertas a nuestro destino. Es como el seguir un camino en automático; usted sabe a dónde va (en este caso, el camino de la vida), pero usted no sabe que ya ha llegado esta que usted no ve el letrero de salida. Si usted tiene la paciencia para escuchar su espíritu, a pesar de los límites que la realidad le impone, la respuesta siempre estará ahí.

¿Cómo *escucha* su espíritu? Cuando usted silencia su mente lo suficiente, de manera que sus pensamientos entran a un estado de calma permanente, lo que sigue serán pensamientos que lo inspirarán. Algunas veces, podemos creer que los pensamientos que surgieron fueron del espíritu y no de la mente. ¿Cómo podemos saber la diferencia? Usted sentirá una marejada positiva de algo que es óptimo.

El primer paso para lograr el balance espiritual es el adoptar en nuestro vocabulario, y en todo lo que hacemos, el concepto de la **INTEGRIDAD**. ¿Qué es esto exactamente? **Es el tipo de conducta que es honesta, veraz y derecha.** El comportarse de cualquier otra forma es ser deshonesto y mentiroso. Puede que no suene halagador, pero necesitamos empezar a nombrar las cosas por lo que son. Por mucho tiempo nuestra sociedad ha aceptado conducta que es un tanto deshonesta. Las mentiras blancas no son en realidad mentiras, omisiones y medias verdades son la norma, y la crueldad ha cundido nuestro sistema de valores como algo aceptable. También, casualmente ignoramos nuestra falta de integridad al tolerar los mensajes poderosos negativos. Estos mensajes negativos están reforzados por algunos de nuestros modelos sociales, incluyendo aquellos en posiciones de autoridad. Los políticos, músicos, gente en el medio de la farándula, atletas y algunos en puestos empresariales están ocupados eligiendo, selectivamente, el ceder responsabilidad cuando les es conveniente. ¿No es sorprendente que nuestro espíritu permanece encerrado? **Es crítico el aceptar que la integridad empezará a fortalecer nuestro espíritu.**

Resumamos esto a un nivel individual. La integridad fortalece su espíritu porque le permite expresar su ser auténtico. **Este es el momento en que usted decide cómo tendrá una relación con sí mismo.** A menos que seamos honestos con nosotros mismos no podremos ser honestos con los otros. HONESTIDAD en lo que usted es lo lleva a ser honesto en lo que usted quiere y en lo que usted hace. Esto es requerido porque usted puede usar su fuerza espiritual hacia lo que usted piensa querer hacer. Su meta puede ser una que incluya aprobación, ya sea de su familia o amigos, o usted puede estar tratando de satisfacer otras inseguridades. El resultado será infelicidad, o un tipo de vacío, que no lo dejará y siempre estará con usted, a pesar de tener lo que usted piensa que usted quiere. Usted ignora su espíritu, niega que tiene importancia y continúa manteniendo esa decisión.

Por ejemplo, usted quiere una casa más grande, o un carro nuevo, para estar al mismo nivel social de la comunidad a la que se acaba de mudar. Usted lo consigue pero, aún se siente tan vacío como siempre. Es aceptable el querer tener bienes materiales bellos- estos son objetos que representan premios materiales en la vida, pero usted está buscando problemas si su decisión esta originada con un deseo de impresionar a otros, encajar u otras inseguridades de las que usted puede sufrir. Los premios materiales son temporales y NUNCA, de ninguna forma, llenarán el vacío que le está gritando para que usted cambie.

No se excluya del ejemplo previo porque usted haya alcanzado un nivel de vida acomodado. Puede que usted ya no desee riqueza material, pero el deseo de tener poder definitivamente lo perseguirá. ¿Qué es lo que esto significa? Simplemente, usted estará tentado a controlar personas y situaciones con dinero. El ejemplo clásico es cuando lo padres con dinero manipulan a sus hijos con cosas materiales para influenciar sus decisiones, y la amenaza más grande es el de ser "excluido de la herencia". O ¿está usted envuelto en una relación basada en recompensas materiales? De nuevo, estas son señales de cambio, y **el apoyar la noción del desarrollo espiritual le brindará conocimiento, resolución y el manejo de esas inseguridades.**

Falta de crecimiento personal, con seguridad, afectará el cuerpo/mente y se extenderá a las relaciones que escoja. Por ejemplo, puede que usted haya sido entrenado para escoger una pareja socialmente aceptable para casarse. A lo mejor al que usted ama no llena todos los requisitos. Si usted empieza a buscar a una pareja con la única meta de contar con la aprobación de su familia o amistades esto le costará muy caro en el futuro. Inicialmente, se sentirá maravillosamente; todos a su alrededor, aquellos que cuentan, estarán alagando su elección. Pero más adelante, la realidad de vivir juntos empieza a recordarle que, exceptuando su nivel social, su pareja no tiene tanto en común con usted y tampoco comparte las mismas metas. Cuando hay hijos de por medio, el error es inclusive más costoso. ¿Se refugiará usted en su espíritu para ayudarlo a hacer su camino más placentero?

La energía ilimitada de nuestro espíritu se vislumbra en todo lo que es positivo, similar a un mágico "je ne sais quoi" de la vida. Es el tipo de energía que es intuitivo y sabe en qué dirección ir, y lo que hay que hacer- y muy seguramente nos toma por sorpresa. ¿Alguna vez se ha visto haciendo algo que haya pensado hacer antes, pero lo descartó como una fantasía? ¿Alguna vez ha tenido un presentimiento, lo suficientemente fuerte, que lo obliga a considerar cosas o gente que nunca pensó posible? Ese es nuestro espíritu, nuestra inteligencia innata, el compás interno que puede guiarnos exitosamente hacia todo lo que queremos en la vida – y algunas veces, lo queramos o no, nos arrebata y nos lleva ahí, aunque nuestro ser racional y físico este pataleando y gritando. Generalmente hablando, **el espíritu no se adapta a su calendario, ni tampoco le presenta nada más las ideas que usted considera oportunidades.**

Cuando eso sucede, es común el sentir que, a pesar de nuestro plan meticuloso, estos eventos y circunstancias son impredecibles, destructivos y, algunas veces, disparatados. Es por esto que la mayoría de las veces rechazaremos la llamada del espíritu. Nos desesperamos por regresar todo a donde estábamos – al estado predecible. Sin embargo, la fuerza de esta influencia continuará haciéndonos sentir como que las cosas no son las mismas, no están marchando bien, y hará todo categóricamente más difícil. El espíritu nos obliga a re-evaluar lo que hemos estado haciendo todas nuestras vidas. Este miedo, acompañado con lo desconocido, nos puede aterrorizar de vivir la vida. **Cuando aceptamos el espíritu debemos de aceptar lo desconocido, y aprender que lo desconocido no se puede controlar** con nuestra lógica perfectamente diseñada y nuestra determinación de negarlo.

LA COMPOSICIÓN DEL ESPÍRITU

La gran energía de nuestro espíritu es la energía del amor puro. El sentimiento de amor es intangible y, aun así, todos estamos fuertemente atraídos a su búsqueda continua. Esta es nuestra forma natural de ser-el figurar quiénes somos. **Esta búsqueda, a lo largo de nuestras vidas, representa la forma en que aprendemos a amar.** Muchas veces, nuestro espíritu está bloqueado por realidades físicas que dictan la ilusión y las imágenes del amor, las cuáles son inferiores a la realidad. Nuestras definiciones de lo que es el amor se tuercen y fracasan. El acondicionamiento forcejea con nuestras vulnerabilidades y nos lleva a una trayectoria turbulenta. Sin embargo, el sentimiento de amar es totalmente basado en la fe (como el espíritu) de lo creemos ser. Sin importar como el amor es inspirado, escogemos creer que amamos y nos aman, y eso ya nos hace más espirituales de lo que pensamos.

Entonces, ¿cuál es la composición de nuestro espíritu? Nuestro espíritu esta hecho nada más de amor y, por consiguiente, no hay ninguna cosa material que quiera o lo alimente. **Nuestro espíritu es un tipo de amor absoluto.** Eso significa amor en su totalidad, amor completo – no fragmentado o a condición. Para entender el amor sin condición tenemos que considerar que este tipo de energía se vincula a la energía de la fe y la esperanza. ¿Por qué? La fe es la habilidad de confiar. La confianza es la fe natural. Hay una sensación de certeza y dependencia, en este caso, de USTED y de lo que es. Esperanza es aceptación: la aceptación de que USTED está seguro y sin amenaza. Cuando usted vive en espíritu, usted acepta que lo que viene será mejor para usted, es entonces cuando la esperanza se manifiesta como optimismo puro, lo que despierta nuestro potencial y todas las posibilidades. Cuando amamos, y vivimos inmersos en amor, sentimos compasión, lo que es la habilidad de entender. Con este entendimiento, adquirimos sabiduría – lo que es el ganar perspectiva. ¿Cuantos de nosotros tratamos de vivir, verdaderamente, esta energía pura todos los días?

Todos estamos retados a trabajar en algún aspecto del amor. **El desarrollar nuestro espíritu significa el desarrollar nuestra habilidad de amar.** El amor en su estado natural no tiene barreras, es libre, y puede curar lo que sea que nos enferma. El amor disemina todo lo que es positivo, incluyendo paz y tranquilidad. El amor inspira, motiva y nos reta a ser mejor. **El amor, y el sentir amor, son poderosos y contundentes y sin expectativas.** Entonces, es lógico que, cuando participamos en el mundo físico, el amor es torcido por las realidades físicas (expectativas). Estas realidades meramente reflejan NUESTRA visión subjetiva de la vida y, si ésta es de alguna forma negativa, esto desbarata el amor y causa que nos preguntemos su valor. No debemos de dudar del amor, en vez, debemos de dudar de nuestro propio sistema de valores y la inhabilidad de aceptar la única cosa que continuamos buscando. Su definición de amor, ¿es congruente con lo que el amor realmente es?

La energía pura del espíritu tiene la habilidad de organizarse independientemente, con o sin nuestro consentimiento. Como nuestro cuerpo y mente, nuestro espíritu también está hecho de esas partículas subatómicas. Cuáles sean nuestros sueños y metas verdaderas esos deseos están siendo organizados y continúan empujando el espíritu en la dirección que deseamos ir, ya sea que nos demos cuenta o no. Y puede que no estemos contentos con las decisiones de nuestro espíritu, si es que no estamos activamente involucrados con él. Cuando este proceso es inconsciente, toma mucho más tiempo porque estamos ocupados enfrentando dificultades incontables. Estas dificultades representan resistencia; la renuencia de cooperar y alinearnos con el espíritu. Estos son los momentos cuando sabemos muy bien lo que debemos hacer o la acción que debemos tomar, sin embargo, AÚN ASÍ, ignoramos ese instinto inicial. Probablemente pensamos que este instinto es desatinado o pensamos que realísticamente la meta no es posible. Lo rechazamos. Posiblemente tengamos miedo y nos convencemos que no hará ninguna diferencia. ¿Por qué crear negatividad a través de resistencia, y perpetuar las batallas y complicaciones innecesarias cuando todo lo que tenemos que hacer es confiar lo suficiente para escuchar a nuestra fuente de energía innata? El confiar en algo intangible es aterrador, pero en vez de no participar en este proceso, ¿por qué no tratar de participar conscientemente y alinearnos con el espíritu para fomentar la vida que deseamos? **Necesitamos aprender a confiar en nuestro espíritu.**

MANERAS PRÁCTICAS DE ALIMENTAR EL ESPÍRITU

Lo primero y más importante, **trate la energía de su espíritu como algo sagrado.** El espíritu es especial y único. El espíritu es una fuerza curativa y única en cada uno de nosotros, es una fuerza que florece en nuestra integridad. Si operamos sin integridad, nuestra realidad se vuelve una de fraude y mentira, lo que invita complicaciones y dificultades innecesarias. Esta batalla rechaza todas las cosas positivas- particularmente lo que más deseamos. La integridad personal se logra a través de prácticas espirituales básicas y, como todo lo que queremos hacer en nuestra vida, debe de hacerse una promesa firme al desarrollo espiritual. **El ser integro es el ser honesto, veraz y honrado con nuestros pensamientos, intenciones y acciones.** Si hacemos lo mejor para aplicar esta disciplina, podemos contar con la ayuda de nuestro espíritu para poner en marcha todo el éxito que nos podamos imaginar.

El proceso de **desarrollo espiritual** no es un despertar mágico que simplemente se presenta en su camino. Ello **requiere el cambiar y cambios** y, al principio, puede ser difícil de practicar regularmente. Todos hemos desarrollado algunos hábitos y actitudes malos a través de los años. Lo bueno es que hay una muy buena oportunidad de que usted ya esté practicando una o más disciplinas sin estar consciente de su impacto positivo en su vida. Por ejemplo, usted puede sea el tipo de persona que da sin esperar recibir, y lo hace todo el día. Usted puede tener cierto estilo que acepta a la gente, circunstancias o eventos como son. O puede que usted sea una persona que ignora las contrariedades diarias, sin juzgar, y sigue su camino felizmente. Repasaremos prácticas espirituales básicas que con el tiempo dirigirán su energía espiritual hacia el éxito y la calidad de vida que usted desea.

Repasemos y definamos la integridad de nuestros pensamientos, intenciones y acciones. Los pensamientos nacen de nuestros deseos. La intención es la habilidad de influenciar nuestros deseos, y esa intención transforma la energía de nuestros deseos al "poner la cosas en acción", conscientemente o no. La acción es el momento para el cual nos hemos preparado, y estamos listos para actuar cuando la oportunidad se presenta. **Los tres son fuentes de energía de magnitud significante.** La única diferencia es qué tan rápido los poderes de cada uno se manifiestan. Muchas veces, consideramos un pensamiento malo o negativo como un pensamiento que nadie ve. Siempre y cuando no lo hayamos hecho, todo está BIEN. No es así. La razón es que el pensamiento es donde nuestros deseos se originan y, por lo consiguiente, esa energía se debe de gastar en algún otro lugar. Puede que sea una cantidad de energía negativa muy pequeña, pero simplemente no desaparece. Digamos que nuestro deseo es el de vengarnos de alguien que nos hizo mal, o le hizo daño a alguien a quién amamos. A pesar de que el tiempo ha borrado nuestra memoria original de revancha, el pensamiento ha sido transformado en intención negativa. Nosotros habíamos considerado muchas maneras de tomar venganza antes de haber rechazado el plan completamente. No actuamos, pero la fuerza de la energía que liberamos, hacia la energía total del universo, se estacionó junto a nuestro nombre.

¿Qué es lo que esto significa? Esto significa que, a través del tiempo, si continuamos un patrón negativo de pensar, las situaciones y circunstancias se presentarán reflejando nuestro deseo o nuestras expectativas. En este caso, venganza. La energía de la venganza se acumula en una nube de energía negativa. Aunque pueda que nosotros ya no tengamos interés en tomar venganza, invitaremos a aquellos quiénes se tomarán venganza en nosotros, aunque las circunstancias parezcan completamente inocentes. No importará si esto haya sido inspirado por algo que actualmente hayamos hecho, o no, la acumulación de energía ya estaba ahí y tendremos que lidiar con ella. ¿Alguna vez ha tenido la experiencia de estar petrificado porque un completo extraño reaccionó con furia hacia usted? y ¿todo lo que usted hizo fué el pedir disculpas por extender su mano para agarrar una fruta en el supermercado? Lo que todo esto significa es que hemos invitado complicaciones o dificultades a nuestras vidas que pudieron ser evitadas, si le hubiéramos puesto atención a la calidad de nuestros pensamientos, intenciones y acciones.

El mismo principio opera, si por ejemplo, en su mente usted siempre le desea lo mejor a otros-sin importar quiénes son. Es ese momento, usted gasta energía positiva en pensamiento, lo cual es influenciado por la intención de desearles lo mejor. Usted puede que no actué, por ejemplo, para abrirles la puerta o ayudarlos con las bolsas del mercado, pero en su mente, usted mandó energía positiva hacia ellos. Toda esa energía también se acumula junto a nuestro nombre. ¿Por qué es importante esto? Por qué esa acumulación o crédito, hablando figuradamente, puede que sea todo lo que es necesario para asegurar un empleo que realmente usted no tenía esperanza de obtener, o puede ser el crédito que usted necesitaba cuando, por algún milagro extraño, usted fué apresurado fuera de su cama justo a tiempo para evitar un incendio y la inhalación fatal de humo–o, inclusive más intangible, la vida de un ser amado fué salvada.

No subestime el poder detrás del pensamiento, intención y acción, positivo o negativo. La acción claramente tiene la reacción y resultados más instantáneos, pero no es posible saber exactamente la forma o la fuerza con la que la energía acumulada será liberada. Haga lo mejor que pueda para **TOMAR RESPONSABILIDAD por todos sus pensamientos, intenciones y acciones.** Es el comienzo del tomar responsabilidad por quién usted es. Lo que sea que esté pasando, elimine la necesidad de señalar a cosas o gente como los culpables por resultados indeseables. Sepa que usted, y nada más usted, tiene el poder de cambiarlo todo – y eso no significa que usted cambiará a esa gente o las circunstancias, pero ciertamente usted cambiará el impacto de esa experiencia. ¿Escogerá usted lo positivo o lo negativo? Reconozca que este es el momento donde usted tiene la oportunidad de crear mejores experiencias.

Muchos de ustedes puede se hayan percatado de que lo anterior se deriva de la ley espiritual de justicia – La Ley de El Karma. Este es el principio natural de causa y efecto. En la física de Newton, es la Ley del Movimiento- que predica que toda acción tiene una reacción igual opuesta. Al nivel individual, esto significa que todos llevamos (dentro de nuestro espíritu) la causa y efecto de todo lo que vivimos, positivo y negativo. El entender la karma motiva el desarrollo de una apreciación de cómo pensamos y reaccionamos y, como resultado, cómo tratamos a otros. Esta ley puede ser usada para liberar nuestra mente de resentimientos, enojos y todas las cosas negativas. El aplicar el principio de Karma, y el usar un esfuerzo consiente cuando se toman decisiones, puede también liberarnos de los sentimientos de victimización. Nuestros pensamientos, intenciones y acciones si importan, y cuando son usados de forma positiva terminamos por contribuir, en vez de contaminar el ambiente alrededor de nosotros.

Hay un efecto de dominós en la práctica espiritual. Sin importar el orden, todas las prácticas influencian la una a la otra. Estas leyes espirituales prosperan juntas para perpetuar una energía unida en todo lo que hacemos. Si nuestra elección es positiva, empezamos a apoyarnos en esa energía hacia el éxito que deseamos. Una nota importante: no se atore en todos los malos pensamientos, intenciones y acciones en que usted pueda haber participado en su vida. Lástima por sí mismo y el sentimiento de culpabilidad nada más estancan la energía, en este caso negativa, lo que la hace inclusive más difícil de disponer. Es más importante el dirigir energía nueva en direcciones positivas empezando *AHORA*. Aprenda de errores pasados, entonces disponga de ellos permanentemente.

Practique la paciencia. Como mencionado anteriormente, la paciencia nos provee un pensamiento claro y el tiempo de conocernos a nosotros mismos. Ella inspira fe y nos equipa con el tipo de aguante y persistencia necesaria para lograr lo que deseamos. El practicar paciencia también invita la evaluación calmada de circunstancias y eventos alrededor de nosotros. Ella también nos impide el hacer suposiciones y conclusiones negativas a través de la investigación relajada y tranquila.

Practique aceptación. Le guste o no, necesitamos aceptar que la gente, las circunstancias y los hechos son lo que son. Puede que no nos guste, puede que no estemos de acuerdo, y pueda que nos sintamos terriblemente incómodos con esta realidad. Sin embargo, sepa que cuando usted impone su punto de vista, su estándar o su perspectiva en algo o alguien que simplemente no la comparte-usted está atrayendo las fuerzas de resistencia. Sin duda, esto lo alejará de cualquier cosa que usted desee. Acepte a la gente, las circunstancias y los hechos como son- no como usted quisiera que sean. Esto es cierto en todo lo que hacemos en la vida, incluyendo como manejamos nuestras relaciones con otros.

El aceptar las cosas como son no significa que usted renuncie a lo que usted quiere. Digamos, por ejemplo, que usted está en búsqueda del amor de su vida. Mientras esto es un deseo válido usted debe de tratar de reconocer lo siguiente: continúe en su búsqueda por el amor de su vida pero renuncie a la idea de cómo se debe de ver, o quién pueda ser. Puede que usted esté atorado en una característica o características en particular, lo que causa que usted bloquee a alguien quién pueda ser perfecto para usted. **Pida por lo que quiere, pero renuncie a cómo debe de venir empacado.** Lo mismo es cierto en su vida profesional. Pida por el trabajo de sus sueños – pero abandone la idea de cómo le debe de llegar. El trabajo de sus sueños pueda haber sido visualizado como una cosa, mientras el trabajo que usted menos espera puede que termine brindándole todo lo que usted realmente desea.

"Déjelo ir" y practique el desapego. Empiece a practicar la paciencia, la cuál es la habilidad de separar las irritaciones pequeñas, el desorden y las inseguridades. La paciencia mantiene su camino libre de desorden, reduce su ansia y nos entrena para separarnos de nuestras expectativas. Usted puede estar preguntándose ¿cómo es posible el separar nuestras expectativas, particularmente cuando éstas envuelven emociones profundas, tales como cuando estamos enamorados? **El desapego es similar a la renuncia, no de su deseo o su emoción, sino de las expectativas o estándares que usted impone en todo lo que le sucede.** Esto significa que usted se libera de los sentimientos negativos (inseguridades) que causan que usted se "estanque" y se revuelque en ese sentimiento. Este malestar lo empuja hacia el construir expectativas de eventos o de gente.

Pregúntese: "Mi vida ¿es guiada por la necesidad?" Si uno analiza la definición de necesidad, ésta básicamente consiste en un requerimiento, un prerrequisito, o algo que "debemos de tener". Entonces podemos decir que las necesidades son lo mismo que las expectativas. **Las expectativas pueden ser el fin desastroso a lo que verdaderamente queremos.** ¿Suena disparatado? No lo es. Todos tenemos algún tipo de requerimiento o expectativa en la vida de otra forma ¿cómo podríamos tomar decisiones? La distinción que nuestra Inteligencia innata hace es que ella nos obliga a enfocarnos en sus expectativas, y que tan intensamente usted las impone en su vida. Las expectativas pueden hacernos perseguir algo que no nos hará felices. Al igual, éstas pueden extinguirse rápidamente al atener lo que queremos en la vida. ¿Como? **Las expectativas son nada más necesidades inventadas por el miedo para limitar lo que podemos tener en la vida.** Es un deseo de controlar todo lo que nos sucede para evitar el sentirnos incómodos, heridos o vulnerables.

Digamos que usted tiende a luchar con un sentimiento de inferioridad. Sabiéndolo o no, usted requiere cosas externas para validar sus sentimientos de inferioridad. Usted pueda que imponga expectativas a sus seres queridos para que reconozcan cada cosa que usted hace en búsqueda de elogio, y cuando no se le da, usted se siente ofendido o asume que no es apreciado. Puede que hasta se enfade. Estas inseguridades se manifiestan como expectativas justificadas que no son cumplidas por aquellos a su alrededor, o las circunstancias. Consecuentemente, usted cierra la puerta, innecesariamente, simplemente porque su expectativa no se materializó. Esta expectativa ¿fué lo suficiente para crear un argumento, o la pérdida posible de esa relación o esa circunstancia? ¿Perdió usted una oportunidad por su propia rigidez?

Cuando usted se separa de sus expectativas, usted automáticamente acepta a la persona o la circunstancia, lo que no deja nada por confrontar más que la persona o la circunstancia. Usted termina por hacer lo mejor posible ya que no está influenciada por sus experiencias pasadas. La energía es libre y sin complicaciones. No hay batalla entre lo que usted quiere que sea y lo que es. Este es el comienzo de poner en moción todo lo que usted pueda desear. Por ejemplo, usted acepta el hecho de que lo han pasado por una promoción que usted había estado esperando, y por la cual ha trabajado por más de cinco años. En vez de quejarse de cómo pudo haber pasado, y cómo la persona que lo consiguió lo hizo, usted empieza a dedicarle tiempo a pensar en donde más puede que usted consiga la oportunidad que originalmente quería. Puede ser que usted nunca consideró el dejar la empresa para la que trabaja, creyendo que era lo mejor que usted podría conseguir. Pero ahora, dadas las nuevas circunstancias del no haber recibido la promoción esperada, su mente se ha abierto a la posibilidad de ir a algún otro lado y actualmente conseguir el trabajo de sus sueños. ¿En cuál situación preferiría estar? ¿En aquella donde usted se mete en un agujero de derrota sin opciones?, o ¿en aquella con posibilidades ilimitadas?

Cuando usted practica paciencia, y la sube a un nivel

de objetividad, lo que sigue es la renuncia total. El renunciar es el entregarse completamente; una acción que requiere el capitular, rendirse y entregarse a una fuerza superior. Esto puede significar que las fuerzas del universo o Dios, o lo que sea o quién sea en lo que usted crea, es una fuerza más poderosa. **Cuando usted acepta la existencia de una fuerza superior, una fuerza más poderosa que usted, un tipo de humildad se engendra por todo lo que es desconocido.** En otras palabras, usted confía que no puede controlarlo todo y sus resultados, y acepta que hay otras fuerzas envueltas que simplemente no pueden ser explicadas. Usted abandona su batalla de tratar de entender todo lo que sucede. En vez, usted utiliza y dedica esta energía al conocimiento de que todo lo que vendrá será lo mejor para usted. Y usted lo cree. ¿Por qué deberíamos inclusive considerar esta justificación? Mire a su alrededor. ¿Tiene sentido todo lo que existe en este planeta? La vida ¿se desenvuelve de una manera que es predecible? Aunque algunos de nosotros creyéramos que entendemos lo que está pasando, hechos impredecibles, sin duda, nos afectarán. Es la ley natural de la vida.

Vale la pena mencionar que si usted cree en una fuerza más poderosa, usted no está solo. Más de 9 en 10 americanos aún contestan "si" cuando se les pregunta ¿"Cree usted en Dios?". Esto es un poco menos de los que respondieron de la misma forma en los 1940's cuando Gallup preguntó esto por primera vez. En lo que sea que usted crea, ya sea en Dios, en una conciencia más alta u otro ser espiritual o guía – nuestro espíritu es el ser supremo – el único que es capaz de conectar más que lo físico y lo material. El ser o ego tiene la habilidad de conectar las realidades metafísicas, o lo que algunos llaman lo etéreo. De cualquier forma que usted defina ese poder superior, sepa que no puede ser establecido sin primero pasar a través de USTED. Necesitamos aprender cómo hablar con el ser supremo. Se trata del tener confianza en lo desconocido, y algunas veces, en lo que usted simplemente no puede entender. **Sin saber, sin anticipar y sin calcular, es el arte de la ausencia del control.** Si es practicada exitosamente, el arte de la ausencia del control permite un balance que alcanza nuestra sabiduría interna. La meditación y el rezar son prácticas excelentes a considerar para llegar a esta meta. ¿Qué es la sabiduría interna? Es la sabiduría que se afirma durante momentos cuando usted sabe que algo es simplemente verdadero, real o correcto. Ella también está presente en todos esos momentos en que la "lámpara" se le prende mágicamente a lo largo de su existencia. Sus instintos también son consejos primordialmente generados por su espíritu.

El tener un deseo, y el confiar que el resultado es lo mejor para nosotros, es una disciplina poderosa. Esta disciplina dirige la energía positiva para manifestar las cosas que queremos. Nosotros nos abrimos a todas las posibilidades y eso nos da, de alguna forma, "las mejores posibilidades." **Es en lo desconocido donde estamos realmente seguros, sin amenazas y libres.** El acondicionamiento nos ha convencido que todo deber ser explicado de forma física y tangible, incluyendo todas nuestras ideas y sentimientos; la continua evolución de la humanidad demuestra que, a pesar del progreso y los adelantos, aún dependemos de cosas que son inexplicables. ¿Por qué gastar energía valiosa para resistirlo?

El abandonarse hacia lo desconocido es una práctica que no impone nada. Cuando imponemos soluciones o expectativas en la gente, circunstancias o hechos nada más creamos problemas nuevos. La habilidad de dejarse llevar por lo desconocido crea una confianza que todo se resolverá de la mejor manera, aunque no sepamos cómo. **Tenga todos los sueños que quiera, pero no se comprometa a ningún resultado específico.** Para aclarar, esto no significa que usted crea un sueño y entonces no hace nada más. Visualice todo lo que usted quiera, pero usted tendrá que tomar cada paso hacia lo desconocido tomando acción, hasta que el siguiente paso surja. Por ejemplo, si usted cree que usted quiere escribir un libro, siéntese y empiece a escribir. Aunque usted no esté seguro acerca de cuantos personajes son necesarios para contar la historia, o cuantos capítulos tendrá, nada más escriba. Después de algún tiempo, otras ideas se le ocurrirán que confirmarán su siguiente paso. La aparición del próximo paso está garantizada – provisto que usted tome acción primero.

Líbrese de sus hábitos emocionales malos. Aunque esta disciplina se discutió en el capítulo de *La Mente*, complemente la liberación de los hábitos emocionales malos **eligiendo la COMPASIÓN por encima del JUICIO.** El juzgar es un hábito emocional malo y, al parecer, una distracción común. Ya sea que estemos criticando a gente que conocemos, a las celebridades o a aquellos quiénes no conocemos todos lo estamos haciendo. ¿Qué lo que exactamente es el juzgar? El juzgar es cuando alcanzamos conclusiones precipitadas (usualmente negativas), o cuando estamos ocupados haciendo comentarios apresurados acerca de gente y/o sus circunstancias. Todos lo hemos hecho, pero ¿qué tan a menudo se envuelve usted en esta actividad? Sepa que cuando usted se gratifica declarando conclusiones negativas acerca de gente y/o sus circunstancias, ésta es una forma segura de bloquear la fuerza del espíritu.

La costumbre de habitualmente asumir pensamientos negativos acerca de otros nada más refleja la falta de satisfacción con uno mismo. Seamos honestos. Cuando estamos contentos, no se nos ocurre el molestarnos y hablar de otros negativamente-estamos muy ocupados disfrutando. Escoja la compasión por encima del juicio. La próxima vez que usted vea un mesero ceñudo que malhumoradamente le pide su orden, en vez de asumir que usted sabe lo que lo tiene molesto, lo que potencialmente puede lo inspire a insultarlo, piense en otras posibilidades que no tengan nada que ver con usted. Por ejemplo, imagine que el mesero recientemente perdió a su pareja y que, a pesar del estrés emocional, él está en el trabajo porque no puede estar sin trabajar ya que tiene a dos niños que alimentar. Sin duda, usted sentirá compasión e ignorará el hecho de que él está haciendo muecas y actuando malhumorado.

El juzgar también se manifiesta a través de otros tipos de conducta y reacciones. ¿Reacciona usted con sospecha o sintiéndose amenazado? Si usted tiene desconfianza usted piensa que otros no son de confiar, y usualmente percibe amenazas o situaciones amenazantes a su alrededor. ¿Puede distinguir emociones negativas que obscurecen su perspectiva al juzgar a otros? Si usted no está muy seguro del porque usted practica esos malos hábitos simplemente repítase, una y otra vez, "NO TENGO QUE REACCIONAR ASÍ". Deténgase y escoja la compasión, aunque usted tenga que inventar alguna excusa ridícula por la cual alguna persona es de la manera que es. ¡**No sea negativo!** Inclusive cuando usted esté en lo correcto acerca de la motivación o circunstancia de alguien, usted necesita pensar en por qué usted necesita vocalizar repetidamente que usted está correcto, en vez de simplemente dejarlo ir. A través del tiempo, usted desarrollará **la disciplina de la tolerancia** hacia aquellos que puede no entiendan tan claramente como usted, o que no vean las cosas como usted las ve, y usted empezará a aceptar que todos nos enfrentamos con los retos de la vida de forma diferente.

Escoja el perdón y sepa que absolutamente todo se puede perdonar. El perdonar no es acerca de la moralidad. El perdonar es la habilidad de tener misericordia y compasión por otros y su conducta. Esa habilidad entonces nos lleva a una clase de perdón y absolución de sus ofensas. Piénselo. No significa que usted de repente decida que está de acuerdo con todo lo que han hecho. Esto nada más quiere decir que usted, conscientemente, pone por un lado los estándares de rectitud que usted pueda se imponga a sí mismo, y que, de no ser así, permitiría que la negatividad continúe. Exprese su rectitud como le sea necesario pero recuerde que hay que dejarla ir.

El perdonar no siempre significa que todo queda como si nada. Hay situaciones en las cuales no podemos integrar a alguna persona a nuestra vida porque nos causa reacciones toxicas que no tienen solución, y éstas nos empiezan a afectar negativamente. Posiblemente, la amistad haya sido un resultado de circunstancia, y sin esta circunstancia ya no hay ninguna otra conexión. Sea lo que sea, el perdonar significa el liberarse de emociones negativas que nos mantienen envueltos en una circunstancia y/o evento o pensamientos negativos constantes. **Cuando perdonamos nos deshacemos de la furia, el orgullo, e inclusive, el odio** para que nuestras vidas puedan, una vez más, estar llenas de lo maravilloso que es nuestro espíritu. En esta maravilla hay harmonía. Conscientemente escogemos amor para así poder renunciar a nuestra mentalidad negativa. Un producto del acto de perdonar es que podemos dejar el karma negativo.

Algunas veces la familia y nuestros seres queridos son

los más difíciles de perdonar y de dejar. No todos tenemos circunstancias ideales con nuestras familias y con aquellos que amamos. Algunos hemos sido víctimas de violencia, incesto y abuso, o sabemos que algunos de nuestros seres amados fueron víctimas de violencia, incesto y abuso. Todas estas circunstancias cambian nuestra vida y son difíciles de resolver. Nuestro acondicionamiento, y los lazos formados en nuestra niñez, son difíciles de descifrar, particularmente cuando hubo eventos que nos han convencido que no somos valiosos. No es fácil el perdonar, aún menos, el separarse de aquellos que nos han herido. Sin embargo, debemos de recordar que cuando nos retamos a perdonar desenlazamos la energía espiritual más pura, la que puede curar todo lo que nos aflige. Recuerde que, espiritualmente, todos somos iguales y que esto significa que somos seres sin falla y benditos. Esto nos da derecho a ser lo mejor que podemos ser y merecer grandes cosas. Tan difícil como lo puede ser, la felicidad, el éxito y el amor son siempre una elección. ¿Será la suya?

Viva en el presente. Cuando usted es víctima de su pasado, o esclavo de su futuro, su espíritu no es capaz de crear circunstancias nuevas y fecundas. Pueda que usted tenga nuevas circunstancias en su vida pero, inevitablemente, su pasado irresoluto o su futuro ansioso se interpondrá en su camino para amenazar lo que es nuevo y en el presente. Por ejemplo, si usted encontró un nuevo amor, pero tiene sentimientos de insuficiencia o autoestima sin resolver derivados de una relación pasada- usted le pondrá un candado a las posibilidades. Usted proyectará esta infelicidad y/o ese enojo a su nueva relación. De cualquier forma, usted estará buscando razones por las cuales no trabajará, en vez de estar buscando razones por las cuales trabajará-sin los perjuicios del pasado. Esto evitará el éxito de esta relación en el futuro. Si usted está ansioso acerca de su futuro, es difícil el disfrutar del presente completamente, y puede que usted no pueda ver otras oportunidades que se le están presentando en su presente- porque usted está preocupado con el futuro. Encontrar el balance, a través del crecimiento personal, lo que incluye el desarrollo espiritual, continuamente lo atraerá hacia el aquí y ahora – al eliminar todo lo que es negativo y está sin resolver. El mantener el equilibrio al ejercitar el cuerpo, mente y espíritu, es una manera segura de obtener el éxito y el sentir bienestar óptimo.

Elija el amor. En todo lo que usted hace elija el amor. Con cada pensamiento, intención y acción ¿está usted reaccionando con amor o miedo? Sepa que no hay nada entre estos dos extremos. La elección es el amor o el miedo, y si eso le suena demasiado básico siga filtrando sus pensamientos hasta que usted entienda por qué el miedo lo detiene a través de la inflexibilidad. Vuelva a la sección de la Mente y revise como el miedo se manifiesta. **El elegir amor significa que empezamos a pensar acerca de otros y sus sentimientos, al mismo tiempo que pensamos en los nuestros, para construir la integridad del ser.**

Lo que creemos ser es como vivimos y amamos. Si

lo que somos no ha sido evaluado y examinado, nuestras defensas, fachadas y las influencias externas será lo que nos guía en la vida. Estaremos molestos, miedosos, agresivos o insatisfechos. Nuestras vidas estarán confundidas y petrificadas con nuestras defensas, reacciones exageradas y mensajes equivocados de qué, y cómo, nos sentimos verdaderamente.

Hay más de cien leyes espirituales que han estado en existencia por miles de años. Estas incluyen algunas de las más familiares, como la Ley del Karma y la Ley de la Atracción. Hay otras no tan bien conocidas como la de la Ley de la Vibración, la Ley de la Responsabilidad, la Ley del Materialismo, la Ley de la Gracia, la Ley de la Buena Voluntad y la lista continúa. Considere investigar estas leyes ya que ellas le revelarán, sin duda, que nuestro mundo, su moralidad, su sistema de valores y sus principios están basados en este conocimiento. Esto revela el conocimiento poderoso del espíritu, el cual está disponible– y ¡todos lo tenemos! Esté consiente que el enfoque fragmentado a la espiritualidad es lo mismo que un enfoque fragmentado a su salud corporal. Todo está conectado; el separar y enfocarse en una ley por mucho tiempo, sin practicar las otras, estancará su crecimiento. Usted descubrirá que todo el pensamiento puede ser consiente y nuestra identidad especial puede desarrollarse libremente al accesar nuestra intuición, nuestra propia forma de inteligencia especial. Nuestra inteligencia innata **nos da el derecho de desarrollar nuestra identidad** – separada de nuestro acondicionamiento, para no depender de lo que otros piensan. Esta inteligencia nos permite el confiar y tener fe en quiénes somos, y por lo consiguiente, nos permite filtrar lo que realmente creemos. Esta búsqueda divina nos dirige hacia una vida realizada. El vivir una vida llena requiere el dar – el expandirse a sí mismo para así poder dar más de sí mismo, su ser real, lo cual es la manera ideal de obtener más de la vida y la gente. La práctica espiritual agranda el lugar donde nos encontramos hoy, y nos permite el dar más de lo que somos. **El dar de uno mismo abre el alma y el corazón.** Con este enfoque, usted es capaz de obtener éxito al recibir por todo su alrededor.

PIDIENDO POR LO QUE QUIERE

Esta disciplina es sencilla: Practique la respiración controlada y céntrese. Vaya a ese lugar donde usted se halla libre de problemas diarios—envuélvase en el silencio de su mente y pida. O, si usted lo prefiere, vaya a una casa de oración, un parque o una playa. Recuerde que es imperativo el detener los momentos emocionales y de tensión que cubren las realidades de la vida diaria, con las realidades espirituales intangibles que deseamos. Pida por lo que sea que usted desee y pida dirección. Asegúrese que usted cree con todo su ser. Visualícelo de cualquier forma que usted quiera. Escríbalo si eso le sirve. **Sea fuerte, positivo y certero.** De ese día en adelante, continúe pidiendo lo que usted quiere, dígalo con fuerza, positivo y con certeza. Cada vez que piense en lo que quiere, sea fuerte, positivo y certero. **¡Deje de pensar**

acerca de cómo llegará, elimine la sensación de tiempo, las condiciones y las expectativas!- Permanezca flexible. Sepa que usted puede cambiar y ajustar sus deseos. Más que nada, no deje que otros influencien sus elecciones, guárdelas para usted si es necesario. Eso es todo, pero usted debe de continuar con la disciplina de mantener el balance en todos los tres componentes de cuerpo, mente y espíritu, de por vida. Lo siento pero-no hay atajos. Habrá aquellos que manifiesten un sueño más rápido que usted, pero el manifestar sus sueños no se trata de rapidez. Sepa que muchas circunstancias desconocidas son parte del proceso y que no es posible controlar los resultados.

El proceso de pedir es el principio del validar lo que usted es. Es un acto de humildad donde usted respeta y entiende que usted es un participante valioso en este mundo. Nuestro espíritu es libre y sin compromiso. Nada es forzado. Su tarea es el comprometerse a ser lo mejor que puede ser. **Escoja el actuar con el espíritu de integridad.** Tome responsabilidad por todos sus pensamientos, intenciones y acciones. Acepte a la gente, los hechos y las circunstancias—no se resista y acepte las cosas como son. Practique la paciencia y la disciplina. Abandone sus condiciones y expectativas. Abandónese hacia lo desconocido, lo que lo mantendrá viviendo en el presente. Escoja la compasión por encima del juicio. Tolere todo lo que entienda y todo lo que no entienda, y perdone a la gente a su alrededor. No trate de convencer o persuadir a otros de lo que usted cree es lo mejor para usted, y en todo lo que usted haga escoja el amor.

Acostúmbrese a pedir por lo que usted quiere. Hágalo un ritual. Pida dirección. Sea paciente, flexible y adáptese a las circunstancias. Nosotros somos espíritu y merecemos su poder. **La disciplina espiritual desarrolla nuestra habilidad de amar, y es el código de honor por el cuál vivimos.** Aprendemos a ceder el control y disfrutar lo desconocido. No anticipamos, calculamos o esperamos. Cuando el espíritu es desarrollado nos sentimos entusiásticos, invencibles y libres. El resultado es que nos enamoramos de la vida y todas sus posibilidades.

¿Escogerá o rechazará el vivir en el espíritu?

VI.

VIVIENDO LO EXTRAORDINARIO

En el siglo veintiuno, no podemos evitar un punto de vista amplio. La totalidad de lo que hace este mundo nuestro mundo ha alcanzado una perspectiva completa y global. En estas épocas, cuando consideramos como mejorar las condiciones económicas, sociales y ambientales lo vemos como una responsabilidad global. Entonces, ¿no deberíamos de considerar que tenemos una obligación de pensar en términos de totalidad cuando se trata de mejorar lo que somos? Y, ¿no somos responsables por nuestro propio bienestar mientras buscamos mejores experiencias de la vida?

Como lo hemos demostrado en este libro, cada uno de nosotros tiene un campo de energía que tiene muchas dimensiones- cuerpo, mente y espíritu. Somos un sistema dinámico de energía holística la cual, cuando está en balance, se transforma en un campo de fuerza y certeza. Todas nuestras fuentes de energía individual se cruzan, la una a la otra, para crear una interdependencia energética que fomenta experiencias óptimas. Este es el punto de vista completo, una forma de vivir confidente y con grandes beneficios- y requiere un cambio positivo de conciencia. El realizar que,

como seres humanos, poseemos un campo robusto de energía que puede ser desarrollado y establecido, como una herramienta segura, inspira admiración.
Para vivir esta verdad extraordinaria primero debemos de comprometernos, de por vida, a expandir nuestro conocimiento, nuestras habilidades y nuestras prácticas. Este enfoque significa que nos dedicamos a evaluar aquello donde nos atrevemos a cuestionar las preguntas incómodas acerca de cómo vivimos – y encontramos el valor para cambiar y dirigirnos hacia lo desconocido. El pensar, desde un punto de vista amplio, nos motiva a considerar muchas más opciones, y elimina las perspectivas miopes cuando nos enfrentamos a la adversidad. Esto representa la aceptación de un sistema dinámico en el cual la totalidad es más grande que la suma de las partes. Para considerar el mundo desde un ángulo holístico, y lograr una existencia óptima, debemos de adaptarnos a lo largo de muchas etapas de la vida, lo que es una experiencia gratificante de expansión y crecimiento.

Ésta es una forma de vivir que rechaza un punto de vida fragmentado porque esa actitud produce resultados fragmentados– resultados temporales y, a menudo, nos mantiene girando fuera de control. Cuando vemos nuestros retos a través de prismas múltiples, soluciones múltiples existirán. Si en verdad seguimos una vida donde lo importante es el buscar significado y realización, y el deseo es de avanzar nuestro bienestar, no podemos evitar el pensar desde un ángulo amplio. El accesar y desarrollar la extraordinaria habilidad de su inteligencia innata y el

integrar la energía de los tres componentes, cuerpo, mente y espíritu–una conciencia completa de la vida– es el sentir lo maravilloso en todo lo que es vivir.
Nuestras percepciones necesitan expandirse para entender como toda la energía contribuye a cómo vivimos, y por qué eso necesita ser cuidado. El entender que hay varios elementos para estar saludables y vivir una vida realizada nos causará el frenar y pensar en tomar mejores decisiones.

Estas decisiones serán informadas y óptimas, por lo que resultarán en ventajas cuando alcancemos nuestras metas. Pero usted no está solo si usted forcejea para elevar sus estándares. Nuestra sociedad continúa reforzando los remedios instantáneos para apaciguar una perspectiva inmadura que no quiere hacer el trabajo necesario. Nosotros hemos caído víctimas de las realidades exageradas, lo que nos ha dejado en un estado donde necesitamos tener gratificación instantánea. Esta prisa, hacia un estado de optimismo, nos deja perpetuamente insatisfechos y vencidos, y nos ha entrenado a buscar cimas aún más altas.

La vida puede ser una alta extraordinaria cuando su campo de energía se integra hacia una perspectiva ideal, una que impone la sensación de estar vivo y feliz. El evaluar todo lo que nos alimenta determinará cuanto significado y felicidad experimentamos mientras viajamos en el camino de la vida. El cambiar nuestras creencias expande nuestras percepciones, lo que nos permite ver con más claridad nuestras actitudes y valores- para revelar aquellos que ya no apoyan el éxito que deseamos. El cambio positivo nos acerca al balance porque empezamos a vivir nuestra verdad. Nuestra verdad nos pone en paz. Podemos ser mejores de lo que nuestra sociedad nos dicta, y podemos escoger conscientemente el no estar limitados. ¿No hemos tenido suficiente agotamiento e impotencia? Nuestra inteligencia innata nos da el derecho de buscar satisfacción. ¿Alineará usted lo que es y lo que quiere con lo que vive? **¿Se ama usted lo suficiente para cambiar?**

La Sabiduría Del Balance

El balance existe cuando cambiamos. Esta disciplina extraordinaria nos premia con balance, enfoque y claridad. Aprendemos a navegar nuestras vidas eficientemente, particularmente, cuando nos enfrentamos a dificultades inesperadas y prolongadas como el desempleo, una crisis de salud o una pérdida personal. Pero, ¿cómo es que aprendemos? Es a través de la experiencia de un opuesto, o un ángulo opuesto a lo que deseamos, que empezamos a aprender. Por ejemplo, para conocer la felicidad debemos de conocer la tristeza. Para conocer el placer debemos de conocer el dolor. Para sentir el placer de una victoria debemos de conocer el dolor de la derrota. El cambio es el único camino hacia el balance, el cual se adquiere a medida que ganamos conocimiento a través de la experiencia.

El balance es donde encontramos satisfacción y paz.

El mantener nuestro equilibrio es un proceso de cambio y, a medida que evolucionamos, la profundidad de nuestras experiencias también cambiará. Cuando resolvemos nuestras dificultades en una forma holística, el significado se integra a nuestras vidas y las llena de satisfacción. Hay una sensación de paz. Si seguimos la meta de balancear nuestro cuerpo, mente y espíritu, poseeremos una perspectiva que nos proporcionará la clase de expectativa que le abre la puerta a todos los puntos de vista, sin que sintamos la necesidad de defender nuestra perspectiva. Nuestros miedos se empezarán a disipar, al mismo tiempo que nuestras limitaciones, lo que derribará la pared rígida de negación que insiste en que nada más hay una respuesta. Usted vive en un estado de liberación porque usted vive su verdadero ser- usted se honra en todo lo que usted vive. En el estado de balance, nosotros sentimos felicidad.

Todos tenemos el poder de producir satisfacción. Nuestros pensamientos y emociones controlan nuestra visión de la vida y sus posibilidades. Imagínese qué sucede cuando borramos los límites de lo que pensamos y sentimos. Renunciamos el control y nuestra dirección es una de posibilidades ilimitadas. El balance es un mensaje de amor porque empezamos a amarnos a nosotros mismos lo suficiente para imaginar mejores posibilidades. Nuestra perspectiva firme remueve las limitaciones de lo que podemos pensar y sentir, y está expresada por igual-todas las perspectivas son importantes, ninguna es menospreciada, y podemos elegir la que es mejor.

Vivimos integrados a lo que somos, y nos sentimos satisfechos.

Cada uno de nosotros posee un mapa personal que nos permite ser el arquitecto de nuestra vida. Cuando buscamos el balance estamos regalados con la habilidad de navegar lo que nos aflige. Nuestros problemas se vuelven algo secundario, y ellos no marcan las reglas o definen nuestra existencia. En vez, nos enfocamos en las posibilidades, subimos el estándar de un plan fragmentado y con limitaciones e introducimos la perspectiva abierta de tomar decisiones con poder. Ésta es su inteligencia innata.

Nuestra inteligencia innata alimenta lo que vivimos y produce fe en lo que somos. Es independencia. Usted confía en sí mismo y en su habilidad de escoger lo que es correcto para usted. El confiar en sí mismo permite que sus sueños se intensifiquen y florezcan porque usted desarrolla confianza en lo que usted puede lograr. Cuando somos capaces de revelar nuestra verdadera naturaleza, cuando podemos ser lo que somos realmente, nosotros nos sentimos vivos. Y dado nuestro estilo de vida del siglo veinte y uno, ahora más que nunca, necesitamos utilizar nuestra inteligencia innata.

¿Cómo se honrará a sí mismo?

El ser quién es-su verdadero ser- es el logro más importante que usted pueda realizar en su vida. Cómo nos consideramos es cómo definiremos nuestra vida. El mejoramiento de nuestra inteligencia innata se trata de desarrollar una relación positiva con uno mismo, durante todas las etapas de nuestra vida. Es la única forma en que podemos florecer y triunfar en lo que creemos es importante. Cuando aprendemos a amarnos a nosotros mismos aprendemos a amar todo lo que la vida puede ofrecer. De esta forma usted se honra a sí mismo. Usted respeta su singularidad y desarrolla el valor de ser usted mismo, para lograr su potencial verdadero.

El valor es el factor clave en la vida, y es la habilidad de tomar decisiones, a pesar de sus miedos. Las personas con valor no carecen de miedo. Ellos son expertos en retar el miedo, y cada uno de nosotros puede producir el valor necesario para implementar nuestros deseos. El valor de lo que usted es está basado en su autoestima. El grado con el que usted se respeta y se ama a sí mismo es lo que aumenta o disminuye su autoestima. Este es su sistema de valores y él le inspira confianza. Mientras más saludable su autoestima, más fuerte su habilidad de ser valiente. Como se considera a sí mismo es una función de sus logros, y cuando ello se realiza, todos los logros importan-pero estos logros deben de ser aquellos que reflejan su verdad. Hasta que usted sea capaz de expresar quién es, con confianza, usted no estará satisfecho- no importa lo que haya logrado en la vida. Si usted no mejora y logra las más grandes posibilidades que satisfacen su versión de lo que lo hace feliz, usted no tendrá nada en que apoyarse o tomar refugio, cuándo usted se enfrenta a la adversidad. Esta brecha interna del no honrar a su verdadero ser lo deja vacío e infeliz- sin logros positivos para recordarle quién es usted. En vez, usted escoge lo superficial- el obtener dinero, cosas materiales e inclusive gente, para demostrar su valor- pero usted está más vacío que nunca. **El balance interno inspira una vida realizada**, sin importar lo que estemos buscando. Si nuestras vidas están apoyadas por lo que somos verdaderamente, desarrollamos la confianza para actuar.

El confiar en su *verdadero* ser y el aceptar que la vida es un lugar de aprendizaje es como logramos el conocernos a nosotros mismos. Nuestra respuesta a los retos y victorias y el intercambio con todo lo que es el mundo, es como nos honramos a nosotros mismos. Una vida exitosa es acerca de cómo hacemos elecciones que apoyan lo que queremos ser. Mientras más nos conectemos con este conocimiento, más confiados estaremos viviendo la vida en lo desconocido-la definición más exacta de lo que es la vida.

Cualquier cosa es posible. ¿Lo creerá?

NOTA A LECTORES: LA INTELIGENCIA DE SU CUERPO MENTE Y ESPÍRITU fué el resultado de una compilación de estudios y experiencias. Este texto representa una síntesis de casi cuarenta años de aprender y absorber información de una variedad de fuentes

Natalia Alexandria

www.ingramcontent.com/pod-product-compliance
Lightning Source LLC
Chambersburg PA
CBHW061639040426
42446CB00010B/1487